DAS SCHILLERHAUS
IN WEIMAR

W0195667

KLASSIKERSTÄTTEN
ZU WEIMAR

Die Autoren

Jürgen Beyer: Die Geschichte des Schillerhauses und seine Restaurierung von 1985–1988
Viola Geyersbach: Rundgang durch die zweite Etage
Christina Těžký: Einführende Texte, Rundgang durch das Erdgeschoß und die erste Etage

Inhalt

Wege nach Weimar

»... und Thüringen ist das Land nicht, worin man Schwaben vergessen kann«, schrieb Schiller1793, als er nach elfjähriger Trennung erstmals seine Heimat wiedersah. Was bewog den Schwaben, dennoch im Thüringischen seßhaft zu werden und zu bleiben? Welche Wege hatten ihn in das Sachsen-Weimarische Herzogtum und schließlich in dessen Residenzstadt geführt?

Vorauszusetzen ist der tragische Umstand, daß Schillers erster Schritt aus der Heimat eine Flucht war. Nicht freiwillig verließ er Eltern, Freunde, die vertraute Umgebung, sondern vertrieben vom kategorischen Nein des Herzogs Carl Eugen von Württemberg zu allen weiteren schriftstellerischen Betätigungen des Dichters der »Räuber«, vertrieben von der Aussichtslosigkeit einer künstlerischen Existenz am angestammten Ort. Schon 1782 gelangte er so ins Thüringische, in das Dorf Bauerbach bei Meiningen, in dem ihm Charlotte von Wolzogen Asyl bot. Doch es gab noch einmal einen Weg wenigstens in die Nähe der Heimat: 1783 erhielt er eine Anstellung als Theaterdichter in Mannheim. Der damit verbundene Aufschwung währte nicht lange, Wolfgang Heribert von Dalberg verlängerte nach dem »Fiesko« und »Luise Millerin« den für ein Jahr geschlossenen Vertrag nicht, die existentielle Lage Schillers wurde bedrohlich.

Werfen wir von hier aus einen Blick zurück auf ein Ereignis, das man zwar nicht einmal eine Vorahnung nennen könnte, das aber ganz am Anfang einer Lebenslinie steht. Am 14. Dezember 1779 waren Goethe und Herzog Carl August von Sachsen-Weimar bei einer Preisverleihung an der Militärakademie Stuttgart zugegen. Der Eleve Schiller erhielt dabei drei Preise in medizinischen Fächern, nicht den Preis für deutsche Sprache. Zu einer persönlichen Begegnung kam es nicht.

Diese bewirkte fünf Jahre später, 1784, die mit Schiller befreundete Charlotte von Kalb. Auf ihre Empfehlung hin las Schiller am 26. Dezember 1784 vor dem Darmstädter Hof und dem dort weilenden Carl August den 1. Akt seines »Don Karlos«. In einer Unterredung am darauffolgenden Tag verlieh der Herzog dem jungen Dichter auf dessen

Bitte »mit vielem Vergnügen« den Titel eines Weimarischen Rates. Konkrete Auswirkungen zeitigte die durch Dekret vom 14. Januar 1785 bestätigte Ernennung noch immer nicht, aber sie hob Schillers Selbstbewußtsein, und – das erste Band nach Weimar war geknüpft.

Der unmittelbare, lebensrettende Ausweg führte 1785 zunächst nach Leipzig und von dort nach Dresden. Schiller folgte der Einladung des Freundeskreises um Christian Gottfried Körner und fand hier Umstände und Menschen, die ihn inspirierten und ihm neue künstlerische Dimensionen eröffneten. In euphorischem Lebensgefühl entwarf er das Lied »An die Freude«. Freundschaften entstanden, die lebenslang hielten.

Manches andere in Dresden behagte ihm im Laufe der Zeit weniger, und die Einladung Charlotte von Kalbs, eine geplante Reise nach Hamburg über Weimar zu führen, kam ihm schließlich gerade recht. Am 21. Juli 1787 traf Schiller in Weimar ein und stieg im Hotel zum Erbprinzen ab. Er war neugierig auf die »weimarischen Riesen« Goethe, Herder, Wieland und hoffte wohl auch auf eine folgenreiche Begegnung mit dem Herzog. Weder Goethe noch Carl August traf er an, doch er wurde mit Wieland und Herder bekannt, und die Herzoginmutter Anna Amalia lud ihn nach Tiefurt ein. Schon am 28. Juli richtete sich Schiller häuslicher ein: er bezog eine ehemalige Wohnung der Frau von Kalb an der Esplanade nahe dem Wittumspalais und nahm sich einen Bediensteten.

Sehr bald wurde er in das gesellschaftliche Leben Weimars einbezogen, und er lernte Menschen aus Goethes Nähe kennen: die Schauspielerin Corona Schröter, Carl Ludwig von Knebel, Friedrich Justin Bertuch, den Geheimrat Christian Gottlob Voigt, den Maler Georg Melchior Kraus, den Bildhauer Martin Gottlieb Klauer. Er ging Arbeitsbündnisse ein, schrieb für Wielands »Teutschen Merkur«, für die »Allgemeine Literatur-Zeitung« in Jena, gab selbst beim Leipziger Verleger Göschen die »Thalia« heraus, arbeitete an historischen Themen. Der Philosophieprofessor Karl Leonhard Reinhold aus Jena stellte ihm schon jetzt einen Ruf an die dortige Universität in Aussicht.

Schiller lebte sich ein in dieser Region, in dieser Stadt, reiste weder nach Hamburg weiter noch nach Dresden zurück.

Goethes Freundschaft konnte er vorerst nicht gewinnen. »Schiller wohnte drei Häuser von mir, und wir besuchten uns nicht«, beschrieb dieser Jahre später die Nachbarschaft zu Schiller, dessen zweite Weimarer Wohnung ab November 1787 am Frauenplan lag. Immerhin setzte sich Goethe für Schillers Berufung als Professor für Philosophie nach Jena ein. Sie erfolgte im Frühjahr 1789, und ab 1790 gewährte Herzog Carl August für die Professur ein kleines festes Salär. Zusammen mit schriftstellerischen Einkünften sicherte dies die materiellen Grundlagen für die Ehe mit Charlotte von Lengefeld, mit der Schiller bereits seit August 1789 heimlich verlobt war. »... auf Ihr Versprechen, uns Lottchen nicht zu weit weg zu führen, verlasse ich mich«, schrieb ihm die Mutter seiner Frau im Januar 1790 aus Rudolstadt. Das junge Paar ließ sich in Jena nieder. Durch Arbeit, Freunde und Familie festigten sich von hier aus vielschichtige Konnektionen nach Weimar, Erfurt, Meiningen, Dresden und Leipzig.

Eine unvergleichliche Beziehung nach Weimar aber entspann sich endlich 1794 – der Schaffensbund mit Goethe.

Schiller kehrte im Mai dieses Jahres mit Frau und Sohn aus Schwaben zurück und begab sich mit Wilhelm von Humboldt und Johann Gottlieb Fichte an die Ausführung des dort geborenen Planes der Herausgabe der Zeitschrift »Die Horen«. Goethe wurde zur Mitarbeit eingeladen und sagte zu.

Am 20. Juli kam es dann nach einer Sitzung der Naturforschenden Gesellschaft in Jena zu dem berühmten Gespräch zwischen Goethe und Schiller über naturwissenschaftliche Grundanschauungen, das am nächsten Tag mit künstlerischen Betrachtungen fortgesetzt wurde. Am 23. August schrieb Schiller einen werbenden Brief an Goethe, mit dem der intensive Briefwechsel begann.

Nach Jahren flüchtiger Kontakte gab Goethe seine Zurückhaltung gegenüber Schiller auf. Schon im folgenden September war Schiller für zwei Wochen Goethes Gast in Weimar.

Zwei ebenso geniale wie gegensätzliche Geister ergänzten und beflügelten sich in ihren philosophischen, ästhetischen und künstlerischen Ideen. In den »Horen« publizierten sie ihre ästhetischen Theorien, in dem von Schiller seit 1795 herausgegebenen »Musenalmanach« leisteten sie sich 1796 das »tolle Wagestück« der »Xenien«, 1797 ging als »Balladenjahr«, 1798 als »Liederjahr« in die Literaturgeschichte ein. Sie motivierten sich gegenseitig zur Arbeit an neuen großen Dramen. Beträchtlich war Schillers Freude, als er Goethe zur Weiterarbeit am »Faust« bewegen konnte, und dieser schrieb ihm im Januar 1798: »Das günstige Zusammentreffen unserer beiden Naturen hat uns schon manchen Vorteil verschafft, und ich hoffe, dieses Verhältnis wird immer gleich fortwirken. ... Sie haben mir eine zweite Jugend verschafft und mich wieder zum Dichter gemacht, welches zu sein ich so gut als aufgehört hatte.«

Besonders intensiv wurden Korrespondenz und Besuche im Vorfeld der Wiedereröffnung des umgebauten Weimarer Theaters mit »Wallensteins Lager« am 12. Oktober 1798. Häufigere Anwesenheit Schillers in Weimar war dazu erforderlich. Das setzte sich fort über die Fertigstellung und Inszenierung der »Piccolomini« bis zur Uraufführung des »Wallenstein« (»Wallensteins Tod«) am 20. April 1799 in Weimar. Herzog Carl August beglückwünschte Schiller zu dem außerordentlichen Erfolg der Trilogie und forderte ihn auf, doch nach Weimar zu ziehen. Der Gedanke lag nahe und nahm zunehmend Gestalt an. Von seinen Vorlesungen in Jena war Schiller seit langem aus gesundheitlichen Rücksichten suspendiert und damit nicht mehr so an den Ort gebunden. Dagegen beklagte er häufig die Abwesenheit Goethes, so nach dessen Abreise aus Jena am 29. Mai 1799: »Wir vermissen Sie sehr, und ich kann mich kaum mehr daran gewöhnen, die Abende ohne Gespräch zuzubringen.«

Im Juni 1799 begann die Arbeit an »Maria Stuart«, und in Schiller reifte der Entschluß, seine Dramen künftig in unmittelbarem Kontakt zum Theater zu schreiben. Am 12. August teilte er Goethe mit: »Daß ich die Wintermonate künftig hier in Weimar zubringe, ist bei mir eine beschlossene Sache, die sinnliche Gegenwart des Theaters muß mir eine Menge faux frais ersparen, die mir jetzt unvermeidlich sind, weil ich die Vorstellung der lebendigen Maße nicht habe, und auch der Stoff soll mir alsdann reichlicher zufließen.« Goethe bestätigte später: »Als Schiller bewogen ward, seinen jenaischen Aufenthalt mit dem weimarischen zu vertauschen, da war ihm besonders die Bühne vor Augen, und er beschloß, seine Aufmerksamkeit auf die Vorstellungen derselben scharf und entschieden zu richten.«

Goethe vermittelt eine Wohnung, der Herzog gewährt die Erhöhung des »Gehalts« von 200 auf 400 Taler, und Schiller beschließt, nicht nur die Winter in der Residenz zu verbringen, sondern mit der Familie nach Weimar umzuziehen, vorläufig noch im Besitz des Gartenhauses in Jena für den Sommer. Am 3. Dezember 1799 verläßt die Familie Schiller Jena. Charlotte muß nach einem schweren Nervenfieber mit dem Sohn Karl und der neugeborenen Caroline noch einige Tage in der

Obhut ihrer Patin Charlotte von Stein bleiben. Schiller zieht mit dem Sohn Ernst und den Dienstboten wieder in eine ehemalige Wohnung der Frau von Kalb, diesmal im Haus des Perückenmachers Müller in der Windischengasse A 71 (heute Windischenstraße 8).

In den letzten Jahren in Jena hatte sich Schiller oft einsam und isoliert gefühlt, jetzt beflügeln ihn neue Hoffnungen. »Alle Erinnerungen an die letzten acht Wochen mögen in dem Jenaer Tal zurückbleiben, wir wollen hier ein neues heiteres Leben anfangen«, schreibt er an Charlotte am 4. Dezember, und an Körner im Januar 1800: »... ich sehe mehr Menschen und die, welche mir lieb sind, habe ich näher. Goethen sehe ich alle Tage.« Gewisse Schwierigkeiten nimmt er gern in Kauf: »... der hiesige Aufenthalt ist sehr viel teurer, als ich gedacht. Doch will ich lieber mehr zu verdienen suchen als die Vorteile des Orts missen, die auch für mein innres Wesen von Bedeutung sind.«

Gesellschaften, Besuche und Gespräche bei Goethe, am Hof, gelegentlich bei Schiller selbst reihen sich aneinander. Auch Schillers Frau genießt die von Jugend auf vertraute Umgebung und die Nähe lieber, ihr nahestehender Menschen, vor allem ihrer Schwester Caroline von Wolzogen und Charlotte von Steins. »Ich habe das Gefühl so im Herzen, daß ich mehr unter eigentlichen Freunden hier bin als in Jena. – Die Nähe der lieben Frau [Caroline], der Stein, dies alles machte mir meinen Kummer leichter, und überhaupt nahm man so viel Anteil an uns.« (An Friederike von Gleichen-Rußwurm, 7. März 1800.)

Schiller selbst arbeitet außer an seinen Dichtungen mit Goethe am Theater, an den Bühnenbearbeitungen von Shakespeares »Macbeth«, Goethes »Iphigenie« u.a. 1800 wird seine »Maria Stuart« in Weimar uraufgeführt, 1801 in Leipzig »Die Jungfrau von Orleans«, im Januar 1802 seine Fassung von Gozzis »Turandot« in Weimar. Neue Pläne entstehen. Doch schon während der Arbeit an diesen Stücken flüchtet er aus »der lärmenden Gasse« nach Ettersburg, Oberweimar oder in das Jenaer Gartenhaus. »... da außerdem eine sehr unruhige Straße, worin wir wohnen, und ein geräuschvolles Haus mich im Arbeiten stören, so muß ich fliehen, um in Ruhe zu sein.« (An Körner, 5. März 1801.) Schon 1801 denkt er an den Kauf des Hauses an der Esplanade, im Februar 1802 trifft er den endgültigen Entschluß. Am 10. des Monats berichtet er an Göschen: »Ich habe dieser Tage endlich einen alten Wunsch realisiert, ein eigenes Haus zu besitzen. Denn ich habe nun alle Gedanken an das Wegziehen von Weimar aufgegeben und denke hier zu leben und zu sterben.«

Es war dies nicht sein letztes Wort. Im März 1804 schreibt er an seinen Schwager Wolzogen, es gefalle ihm »hier mit jedem Tag schlechter«, und bringt Angebote im »südlichen Deutschland« und im Norden (Berlin) ins Spiel. Doch er nimmt sie ebensowenig wahr, wie er frühere ähnliche Pläne realisiert hat.

An keinem anderen Ort Deutschlands hätte er einen Partner wie Goethe gefunden, die ungeheure Stimulanz dieses Bündnisses, das war sicher der schwerwiegendste Grund. Aber er hat auch an die Zukunft seiner Familie gedacht, für die im Falle seines schon befürchteten frühen Todes in Weimar am besten gesorgt sein würde. »Ihre Großmut, gnädigster Herr, fixiert nun auf immer meinen Lebensplan. Jedem Gedanken an eine Veränderung kann ich mit frohem Herzen entsagen, ich kann mit freudiger Tätigkeit wirken, weil ich nunmehr im Stande bin, etwas für die Meinigen zu tun«, bedankt er sich in einem schmeichelnden Schreiben vom Juni 1804 bei Herzog Carl August für die zugebilligte finanzielle Aufbesserung und erinnert hier auch noch einmal an die erste Begegnung in Darmstadt.

Das Haus an der Weimarer Esplanade, das Schiller am 29. April 1802 bezog, wurde seine feste Wohnstatt, in der ihm selbst noch drei Jahre fruchtbaren Schaffens vergönnt waren und die über seinen Tod hinaus seiner Familie ein beständiges Zuhause bot.

Die Geschichte des Schillerhauses und seine Restaurierung von 1985–1988

1985 wurde im Schillerhaus mit einer umfassenden restauratorischen und bauarchäologischen Untersuchung begonnen. Die Auswertung der Befunde und des archivalischen Quellenmaterials ermöglichte nicht nur die Rückgewinnung der Raumfassungen der Schillerzeit, sondern auch die Rekonstruktion der mehr als zweihundertjährigen Hausgeschichte.

Diese gliedert sich im wesentlichen in 3 Abschnitte – in die Zeit der Erbauung 1777 bis zum Einzug Schillers im Jahre 1802, in die Zeit des Besitzes durch die Schillersche Familie von 1802–1826 und in die Zeit der Museumsnutzung von 1847 bis zum Beginn der Restaurierung 1985.

Das Schillerhaus steht heute mitten in Weimars Fußgängerzone und an der Hauptgeschäftsstraße, der Schillerstraße. Bescheiden nimmt es sich aus inmitten seiner Nachbargebäude, die zum überwiegenden Teil aus dem Ende des 19. Jahrhunderts stammen und das Schillerhaus beträchtlich überragen.

Bereits im 18. Jahrhundert war die heutige Schillerstraße eine beliebte Wandelallee. Die Esplanade, wie sie zu jener Zeit genannt wurde, entstand auf den Resten der Stadtbefestigung, d.h. genaugenommen durch Verfüllen des Grabens zwischen innerer und äußerer Stadtmauer in der Zeit nach 1750. Seit 1775 bis zu Schillers Einzug in sein Haus im Jahre 1802 war nur die Nordseite der Esplanade bebaut; nach Süden konnte man über die Lindenallee auf die anschließenden Gärten blicken. 1777 ließ der Kaufmann Johann Christoph Schmidt durch den Bauunternehmer und fürstlichen Hofjäger Anton Georg Hauptmann auf seinem Grundstück Windischengasse 17, das von der Windischengasse bis an die innere Stadtmauer reichte, ein neues Wohngebäude, eben das spätere Schillerhaus, errichten.

Dieses Grundstück, das heute der Neubau des Schillermuseums und das Schillerhaus einnehmen, wird in den seit 1503 erhaltenen Akten als »kanzleilehnbares schriftsässiges Freihaus«, als »die Münze« bzw. »die alte Münze« bezeichnet. Der Status des fürstlichen Lehens blieb bis in das 19. Jahrhundert erhalten, ebenso die Bezeichnung »Münze«, die sich erst in neuerer Zeit nur noch auf das aus dem 15. Jahrhundert stammende Hinterhaus bezieht. Eine fürstliche Münzprägung wird für die Zeit von 1382–1482 angenommen, wobei nicht nachgewiesen werden konnte, ob das Hinterhaus tatsächlich die Prägestätte gewesen ist. Offensichtlich hat der kleine, von außen über eine alte Eisentür zugängliche Raum mit dem schönen spätgotischen Zellengewölbe die These der Münzprägung in diesem Haus gestützt. Das Gewölbe wurde allerdings erst um 1550 eingezogen. Der Raum diente später als Küche mit offenem Rauchabzug. In der Schillerzeit war hier die Waschküche untergebracht.

Das 1777 erbaute Haus war mit seinen Wohnräumen und dem Eingang auf die Esplanade ausgerichtet. Die Vorderfront steht auf dem Fundament der inneren Stadtmauer, und die anschließende Mauer – sie wurde beim Bau des Hauses abgebrochen und mußte anschließend, wie es eine Urkunde von 1777 besagt, wieder aufgebaut werden – bezeichnet heute noch die Lage der ursprünglichen Stadtmauer. Der Bauplatz war durch die bestehenden Gebäude sehr beengt. An der Hinterfront und am Giebel wurden Mauern eines Vorgängerbaues übernommen, und der Neubau wurde, um zur Esplanade überhaupt eine angemessene Fassade errichten zu können, um eine Raumachse vor das Hintergebäude geschoben. Dadurch fiel der Grundriß noch bescheidener aus, als die Fassade vermuten läßt, da zudem das Treppenhaus hinter den beiden linken Fensterachsen über die drei Geschosse plaziert werden mußte. Aus diesem Grund gab es auf den beiden Wohnetagen nur je zwei heizbare Stuben und zwei Kammern. In seinem Äußeren entsprach das Haus dem Standard der schlichten Weimarer Bürgerhäuser jener Zeit. Das Mansarddach ist noch ganz der barocken Tradition zuzurechnen, während sich in der Gestaltung des Mittelrisalits mit dem Dreieckgiebel und in der etwas spröden Putzgliederung der Wandel zum Klassizismus ankündigt. Auch im Inneren sind die bescheidenen Gestaltungselemente jener Zeit noch heute zu sehen – die umlaufenden Stuckgesimse an den Decken der Wohnräume, die halbrunden Ofennischen und die Füllungstüren.

Im Jahre 1801 verkaufte Schmidt das Haus zusammen mit dem älteren Hinterhaus, mit Höfchen und kleinem Garten an den englischen Schriftsteller Charles Mellish of Blyth, der als Übersetzer der »Maria Stuart« ins Englische bekannt ist und in jenen Jahren mit Schiller in näherer Verbindung stand. Schon wenige Monate später erwarb Schiller das Grundstück für 4200 Taler von Mellish, der es wegen finanzieller Schwierigkeiten wieder veräußern mußte und das Haus vermutlich gar nicht erst bezogen hatte.

Der Kaufvertrag vom 15. Februar 1802 legte den Einzug für Ostern fest. Am 29. April zog Schiller mit der Familie in sein Haus. Aus heutiger Sicht verwundert die Tatsache, daß erst unmittelbar danach umfangreiche Umbau- und Renovierungsarbeiten begannen, die beinahe vier Monate dauerten. Schiller hatte bereits am 11. Februar 1802 in einem Brief an Goethe bemerkt: »… und nun ich ihn [den Besitz] als mein ansehe, wachsen mir neue Sorgen zu, wie ich ihn meinen Zuständen anpassen soll.« Offensichtlich hatte er sich aber über den Umfang der baulichen Veränderungen getäuscht. Ohnehin durch Krankheit geschwächt, kam er nicht zum Arbeiten. Wiederholt klagte Schiller in Briefen über die Unannehmlichkeiten des Umbaus, so gegenüber Goethe am 12. Juni 1802: »Ich sehne mich sehr nach einem ruhigen Aufenthalt, denn bei mir geht es jetzt sehr lärmend zu, da oben und unten gehämmert wird, und der Boden zittert, ganz buchstäblich genommen, unter meinen Füßen.« Am 21. August 1802 endlich konnte er an seine Schwester Louise schreiben: »Die Veränderungen in unserem neuerkauften Haus, welche beträchtlich waren, haben uns indessen viele Unruhe und Geräusch gemacht, erst in dieser Woche wird es von Arbeitsleuten leer, und wir genießen nun erst die Annehmlichkeiten einer bequemen und gesunden Wohnung.«

Über die Art der Veränderungen erfahren wir aus den Briefen nichts. Einige Hinweise geben Schillers Kalendereintragungen, die z.B. Zahlungen an den Tischler, Tüncher, Schlosser, Zimmermann und eine Ausgabe von 41 Reichstalern für Tapeten und Bordüren, weiterhin Kostenangaben für »Unterschwelle«, »Kellerchen«, »Zimmerchen« und Tapeten verzeichnen. Schiller plante im Februar 1802 für diese Umbauten 470 Taler ein. Charlotte führte bei der Klärung von Schillers Nachlaß im Jahre 1810 an, daß für die »ansehnlichen Reparaturen« 800 Taler ausgegeben wurden. Sie nennt »Keller, Waschhaus, Fußboden mehrerer Stuben usw«.

Bei der Auswertung der restauratorischen und bauarchäologischen Untersuchungen konnten die Umbauten im einzelnen ermittelt werden. Die wichtigste Veränderung, die in die Zeit um 1802 datiert wird, war die Verlegung des Treppenhauses an die Stelle, an der sich Vorder- und Hinterhaus durchdringen. Dadurch wurde eine gemeinsame Erschließung beider Häuser durch eine Treppe möglich, und in den Wohnetagen konnte nach Schließen der Deckenöffnungen und dem Einbau eines Schornsteins jeweils ein weiterer Wohnraum hinzugewonnen werden. Im Erdgeschoß wurden die Fußböden mit Ausnahme der Küche angehoben, die Fachwerkwände repariert und ein Gewölbekeller eingebaut, der von der Küche über eine Klapptür im Fußboden zu erreichen ist. Veränderungen gab es auch in den Wohnräumen. Im Schlafzimmer der Töchter wurde ein großer Wandschrank eingebaut, und im Dachgeschoß richtete sich Schiller sein Arbeitszimmer entsprechend seinen Bedürfnissen ein – Bücherregale wurden in die Dachschrägen eingefügt, ein Fenster in den Giebel gebrochen, um gutes Licht am Schreibtisch zu haben, und die Tür zur Schlafkammer durch eine schmale Tapetentür ersetzt.

Auch im Hinterhaus ließ Schiller Veränderungen vornehmen. So wurde das Dachgeschoß teilweise ausgebaut. Ein Wohnraum mit alkovenartigem Nebenraum entstand neben einfachen Bodenkammern.

Hier sowie im ersten Obergeschoß werden die Stuben und Kammern vermutet, die von den Söhnen, von Gästen und vom Dienstpersonal bewohnt wurden, während das Erdgeschoß Holzställe, Waschhaus und andere Nebenräume aufnahm.

Neben baulichen Veränderungen erhielt das Haus aber auch eine neue Innenraumausstattung mit handgedruckten Papiertapeten und Bordüren. Diese Papiertapeten, die die Stofftapeten oder die gemalten Sockel- und Wandpaneele aus der Erbauungszeit ablösten, waren gegen Ende des 18. Jahrhunderts über Frankreich und England auch in Deutschland in Mode gekommen. Bereits in der Jenaer Zeit hatte sich Schiller über seine Freunde Goethe, Cotta und Körner Tapeten vor allem für das Gartenhaus beschafft und dabei hinsichtlich Dekor und Farbe klare Vorstellungen entwickelt. Jetzt bezog er eine große Menge an Tapeten und Bordüren vom Kaufmann Ulmann aus Jena. In seinem Kalender von 1802 notierte er aber auch: »Tapeten von Frankfurt / 12 Stück blaue à 80 Kreuzer / 6 Stück grünviolett à 150 Kreuzer.« Diese Angaben könnten sich auf die Tapeten in den Schlafräumen beziehen.

Neben weiteren Hinweisen auf die Verwendung von Tapeten bildet ein Brief von Schillers Tochter Emilie von Gleichen-Rußwurm vom 4. November 1866 einen wichtigen Beleg. Sie beschreibt darin, daß die Eckschränke im Schlafzimmer der Mutter mit »lila karierter Tapete« und ein Eckschrank in der Schlafkammer der Töchter »blau und weiß« überzogen waren. Diese Tapeten konnten als Fassung der Umbauzeit nachgewiesen werden.

Von Raum zu Raum wechselten die Tapeten in Dekor und Farbe. Eine Farbfolge grün-rötlich-grün ist für drei Wohnräume in beiden Etagen nachzuweisen. Neben der Verwendung von Sockeln und breiten Abschlußbordüren ist das Überziehen der aus einfachen, z. T. wiederverwerteten Brettern gefertigten Wandschränke und Bücherregale mit Tapeten charakteristisch. In Verbindung mit der Tapetenausstattung wurden auch die Anstriche erneuert. Dabei erhielten alle Holzelemente, wie die Treppe, die Türen und Fenster, einen Anstrich in einem grünlichen Grau.

Nach Schillers Tod am 9. Mai 1805 blieb Charlotte mit den vier Kindern im Haus wohnen. Ein Teil der Räume, speziell in der Mansarde, wurde vermietet, vor allem als die Kinder nach und nach das Haus verließen. So ist belegt, daß die Hauslehrer Ukert und Abeken einige Zeit das Arbeits- und Schlafzimmer Schillers bewohnten. Von Abeken ist eine Grundrißskizze dieser Räume aus dem Jahr 1809 erhalten geblieben, der der heutige Zustand entspricht. Einer der letzten Mieter, Berta von Browe, beschreibt in ihren Erinnerungen die Lage von Schillers Schlafzimmer und vermerkt, daß der Holunderbaum, dessen Blüten und Rinde zur Linderung seiner Schmerzen gedient hatten, bis an das Schlafzimmerfenster reichte. Auch findet sie die Tapeten und Bordüren im Hause besonders erwähnenswert.

Nach dem Tod Charlottes wurde das Haus 1827 von den Kindern an den Garteninspektor Weise verkauft und ein Teil der Einrichtung versteigert. Verschiedene Ausmalungen und Tapezierungen sind für die Zeit des neuen Nutzers nachzuweisen. Eine wichtige Veränderung betraf die unmittelbare Umgebung des Hauses: 1837 wurde entlang der Grundstücksgrenze zwischen Windischengasse und Esplanade eine neue Straßenverbindung, die Bürgergasse, die spätere Neugasse, geschaffen.

Nach dem Tod der Witwe Weise erwarb der Rat der Stadt Weimar 1847 das Haus, um es in Erinnerung an den Dichter zu erhalten und in der Mansarde eine Gedenkstätte einzurichten. Damit begann ein neuer Abschnitt in der Geschichte des Schillerhauses. Seit dieser Zeit wurde unter verschiedenartigen Voraussetzungen und Zielstellungen versucht, den memorialen Charakter herauszuarbeiten. Diese Bemühungen sowie die Nutzung und Erhaltung des Hauses sind durch umfangreiches Aktenmaterial im Stadtarchiv Weimar bis zu Beginn unseres Jahrhunderts belegt. Die restauratorischen Befunde bilden dazu anschauliche Ergänzungen.

Das Arbeits- und Sterbezimmer Schillers wurde 1847 als einziger Raum im memorialen Sinn eingerichtet. Neben den rückgeführten wichtigen Ausstattungsgegenständen trugen die noch vorhandenen Bücherregale und die nachgedruckte Tapete der Schillerzeit zur weitgehend authentischen Gestaltung des Raumes bei. Ein gleicher Anspruch wurde damals für die anderen Räume nicht erhoben. Während das Empfangszimmer in der Mansarde als Durchgangs- und Lagerraum diente, wurde das Gesellschaftszimmer im Charakter eines Verehrungsraumes gestaltet. Die Decke erhielt eine klassizistische ornamentale Bemalung, in die kleine Medaillons mit Darstellungen der Lebens- und Wirkungsstätten der Weimarer Dichter eingefügt wurden. Auf dem größeren mittleren Medaillon war ein Adler mit Lyra vor gestirntem Himmel dargestellt. Der Verehrung der Dichtkunst und der

Dichter diente auch die Aufstellung eines Gipsabgusses der »aufgestützten Muse aus dem Vatikan« in einer zu diesem Zweck eingerichteten Nische als Pendant zur Ofennische.

Adolf Stahr bemerkte bereits in seinem Tagebuch »Weimar und Jena« von 1852, daß diese Gestaltung den memorialen Charakter des Arbeitszimmers beeinträchtigte. Nachdem die im Auftrag für das Museum von Professor Hähnel aus Dresden gefertigte Schillerbüste aus Marmor 1861 anstelle der Muse in der Nische aufgestellt worden war, beschloß man die Veränderung des Raumes zu einem Wohnraum, wie er »noch Ende vorigen und Anfang dieses Jahrhunderts in Gebrauch war«. Die Ausführung erfolgte aber erst 1876. Die Deckenbemalung wurde übertüncht, die Wände erhielten eine aufgemalte Paneelgliederung. 1909 wurde das Empfangszimmer als Museumsraum eingerichtet, um die vielen Sammlungsgegenstände unterzubringen, die seit 1847 in das Schillerhaus gekommen waren. Erst mit der Einrichtung des Museums im ersten Obergeschoß im Jahre 1930 stattete man diesen Raum im Stil der Schillerzeit aus, ohne daß Anspruch auf Authentizität wie beim Arbeitszimmer erhoben wurde. Mit den so gestalteten drei Räumen blieb die Gedenkstätte auch nach der Wiedereinrichtung 1946 bis zum Jahr 1985 erhalten.

Die übrigen Räume des Vorder- und Hinterhauses wurden seit 1847 für Wohnzwecke genutzt. 1863 zog die Schillerstiftung in das Haus, später erhielten auch die Goethe- und die Shakespeare-Gesellschaft Räume im ersten Obergeschoß. 1930 wurde das Museum eingerichtet, das seit 1936 vier Räume im ersten Obergeschoß des Hinterhauses und einen Raum im Vorderhaus umfaßte.

Am 9. Februar 1945 wurde das Schillerhaus durch die Druckwelle der Bombeneinschläge in unmittelbarer Nachbarschaft schwer beschädigt. Auf Beschluß der sowjetischen Militäradministration begann man mit dem umgehenden Wiederaufbau der Weimarer Kulturstätten. Das Schillerhaus konnte als erstes Museum im November 1946 wiedereröffnet werden. 1947 wurde die Ausstellung im ersten Obergeschoß des Vorderhauses neu eingerichtet. Nach der Übernahme des Schillerhauses durch die NFG im Jahre 1953 erfolgten in den Schiller-Jubiläumsjahren 1955 und 1979 jeweils Neufassungen dieses Literaturmuseums in Inhalt und Form.

Einen bedeutenden Einschnitt in der Geschichte des Hauses stellte die bauliche und denkmalpflegerische Rekonstruktion von 1985 bis

1988 dar. Die Verlegung der Ausstellung in den Museumsneubau, der auf der Nachkriegsbaulücke hinter dem Schillerhaus und in direkter Verbindung mit ihm errichtet wurde, ermöglichte es, das gesamte Vorderhaus als Memorialstätte zu gestalten. Durch seine Lage zwischen Neubau und Memorialstätte wurde das Hinterhaus zu einem Gelenk- und Bindeglied. Hier war die Baustruktur, vor allem im ersten Obergeschoß, durch häufige Umbauten so stark verändert, daß selbst der Grundriß der Schillerzeit nicht exakt rekonstruiert werden konnte. Aus diesem Grund bot sich eine funktionelle und räumliche Neuordnung im Sinne einer veränderten Nutzung an. Das erste Obergeschoß bildet jetzt den Übergang vom Museum zum Treppenhaus des Schillerhauses. Im Erdgeschoß, in den ehemaligen Holzställen, wurde eine ständige Sonderausstellung »Schiller auf Münzen und Medaillen« eingerichtet. Ihr vorgelagert ist der kleine Raum mit dem spätgotischen Zellengewölbe, der allerdings als Durchgangsraum zwei neue Öffnungen erhalten mußte. Im ausgebauten Dachgeschoß konnte der originale Grundriß bewahrt werden. Es wurde als Lese-Ton-Kabinett eingerichtet, das dem interessierten Besucher nach Anmeldung zur Verfügung steht. Die Raumgestaltung in den drei Etagen nimmt, vor allem durch die Farbigkeit, historische Bezüge auf, ohne jedoch zu historisieren.

Im Vorderhaus ermöglichte die Befund- und Quellenlage die Rekonstruktion der Raumgestaltung der Schillerzeit. Angestrebt wurde eine Annäherung an den Zustand, wie ihn Schiller und seine Familie erlebt haben. Neben eindeutig Belegbarem gibt es analoge Gestaltungen. Die größte Annäherung ist in der Mansarde erreicht worden. Im Erdgeschoß konnte die Küche mit Herdstelle und offenem Rauchfang und dem roten Kalkanstrich an Decke und Wänden rekonstruiert werden. Die Nutzung der anderen Räume für Wirtschafts- und Wohnzwecke (Dienstpersonal) ist im einzelnen nicht belegbar. Im Eingangsflur wurde eine frühere Verbindung zum Höfchen und damit zu den Holzställen wiederhergestellt und der später ins Erdgeschoß verlängerte Schornstein wie auch der erst 1885 eingebaute Windfang entfernt. Flur und Treppenhaus zeigen sich jetzt in Ocker und Grau, der Farbfassung von 1802.

In den beiden Wohnetagen waren die Räume in ihren Proportionen und mit Baudetails wie den Stuckprofilen an Decke und Ofennischen, den Tür- und Fensterbekleidungen und den Türblättern mit Rahmen und Füllungen sowie den Messingbeschlägen seit der Erbauungszeit erhalten geblieben. Auch die Umbauten der Schillerzeit waren noch klar ablesbar. Da zudem die Farb- und Tapetenfassungen dieser Zeit belegt werden konnten, war die Rekonstruktion der Raumgestaltung entsprechend den Gegebenheiten der Jahre, in denen Schiller und die Familie das Haus bewohnten, durch Befunde abgesichert. Dabei bildete die Rekonstruktion der Tapetendekoration den Schwerpunkt der denkmalpflegerischen Arbeiten, was eine intensive Auseinandersetzung mit dem Tapetenhanddruck der Zeit um 1800 notwendig machte. Nach dem Ergänzen der Muster wurden die Druckformen gefertigt und die Tapeten in Leimfarbentechnik nachgedruckt. Während die Tapeten mit Druckwalzen in Maschinendruck hergestellt wurden, mußte für die reichgestalteten Bordüren mit bis zu 13 Druckstöcken der Handdruck von Flachmodeln neu entwickelt werden, denn die Tradition dieses kunsthandwerklichen Gewerbes war endgültig in den fünfziger Jahren unseres Jahrhunderts erloschen.

Durch den Nachdruck der Tapeten und Bordüren wurde die Wiedergewinnung der ursprünglichen Raumfassung in der Mansarde möglich. In den drei Wohnräumen des ersten Obergeschosses reichten dagegen die aufgefundenen Tapetenreste für eine Rekonstruktion nicht aus, so daß Tapeten aus anderen Räumen als Vorlage für den Nachdruck verwendet wurden, so die Weinlaub- und Lorbeerlaubtapeten aus dem Hinterhaus und das Damastmuster, das noch zu Lebzeiten von Charlotte als zweite Tapete in ihrem Schlafzimmer geklebt worden war. In den Schlafkammern von Charlotte und den Töchtern sind die Tapeten nach den Fundstücken rekonstruiert worden. Neben den Tapeten wurden auch die Farbfassungen erneuert. Die Graufärbung der Türen und Fenster und das helle Grau der Decken wirken beruhigend gegenüber der reichen Form- und Farbpalette der Tapeten.

In beiden Wohnetagen waren Einbauschränke erhalten geblieben oder konnten rekonstruiert werden. In solider Konstruktion präsentiert sich noch heute Schillers Kleiderschrank in der Mansarde. Die Bücherregale im Arbeitszimmer hatte man 1847 durch das Anbringen von Türen zu Schränken umgewandelt, um die Exponate, darunter Teile von Schillers Bibliothek, sicher zu verwahren. Jetzt sind sie wieder als offene Regale mit Tapetenüberzug zu sehen. Auch der gemalte Sockel, der Wand und Regale begleitet, wurde rekonstruiert.

Bis 1985 standen in der Schlafkammer Schillers zwei runde Eckschränke, die nach 1847 dem Museum als authentische Stücke übergeben worden waren. Bei den Untersuchungen wurden als ursprüngliche Standorte die Schlafräume von Charlotte und den Töchtern nachgewiesen. Zusammen mit einem weiteren neugefertigten wurden sie jetzt dort wieder aufgestellt. Im Schlafzimmer der Töchter konnte auch der mit Tapete überzogene große Wandschrank rekonstruiert werden, nachdem beide Schranktüren durch Zufall aufgefunden worden waren. Schiller hatte ihn auf der Grundrißskizze aus dem Jahre 1802 eingetragen. Er wurde vermutlich als Wäsche- und Kleiderschrank genutzt.

Verschiedene Nachforschungen wurden zur Art der Beheizung und zur Verwendung der Öfen angestellt. Die zentrale Kaminanlage befand sich zwischen den halbrunden Ofennischen der Wohnräume. Die Rauchgase aus der Küche und den Nebenräumen des Erdgeschosses wurden über den Rauchfang der Küche in den darüberliegenden Kamin geleitet. Die beiden Wohnetagen hatten getrennte Rauchzüge, die über die Reinigungsöffnungen in den Kammern gewartet wurden. Der 1802 neu eingezogene, ebenfalls nicht bis ins Erdgeschoß geführte Schornstein im ersten Zimmer wurde vom Treppenhaus aus gereinigt. Die Kaminanlagen sprechen dafür, daß die Öfen von den Räumen aus geheizt wurden. Als Heizmaterial verwendete man ausschließlich Holz, wie Schillers Kalendereintragungen über Holzeinkäufe belegen. Von den Öfen, die Schiller in Gebrauch hatte, sind keine mehr erhalten. Die heute vorhandenen Öfen sind erst nach 1847 aufgestellt worden, stammen aber zum Teil aus der Zeit um 1800. Charakteristisch für die Zeit ist der Ofentyp mit eisernem Unterteil und keramischem Oberteil. Die zwei Öfen mit den kannelierten Aufsätzen, mit Vasenbekrönung und Reliefmedaillons stammen aus der Klauerschen Teurotikaproduktion. Diese Aufsätze wurden immer wieder mit Leimfarben in Englischrot aufgefrischt.

Wie hatte sich das Äußere des Hauses in den vergangenen 200 Jahren gewandelt? Verschiedene Darstellungen des 19. Jahrhunderts zeigen leicht differierende Fassadengliederungen. Daraus ist zu ersehen, daß um 1830 eine Vereinfachung vorgenommen worden ist. Der älteste Stich, von Nemetschek 1823 gefertigt, zeigt eine Gliederung mit Putzspiegeln, rustizierten Pilastern und ebensolchem Sockelgeschoß. Dies entspricht der Putzgliederung der Erbauungszeit, die also auch zur Zeit Schillers vorhanden war und bei der Rekonstruktion als Vorgabe dienen konnte. Ein Nachweis dieser Gliederung am Bau selbst ließ sich nicht führen, da der Verputz mehrmals erneuert wurde. Lediglich am Giebel waren ältere Putzreste unter den nachfolgenden erhalten geblieben. Die Farbuntersuchungen an diesen Putzresten und an den Gliederungselementen der Fassade (Fenstereinfassungen, Dach und Gaupengesimse) ergaben mehrere Farbfassungen. Beim Bau des Hauses waren der Putz in kräftigem Gelb und die Gliederungselemente in hellem grünlichem Blau gestrichen worden. In der Schillerzeit erhielt der Verputz einen grauen Anstrich, die Gliederungselemente wurden ocker abgesetzt. Zugunsten der städtebaulichen Wirkung wurde entschieden, im Außenraum auf die Farbfassung der Schillerzeit zu verzichten und dem Schillerhaus die dominierende Gelbfarbigkeit der Erbauungszeit zu geben.

Das Dach ist übrigens erst 1848 mit Schiefer gedeckt worden, da die ursprüngliche Ziegeldeckung wegen der Dachform sehr reparaturanfällig war.

Angesichts der Verbindung des Schillerhauses mit dem neuen Museum war von vornherein nicht an eine Rekonstruktion des kleinen Hausgartens gedacht, die ohnehin nur eine Analogie ergeben hätte. Ein schmaler Gartenstreifen innerhalb des neugestalteten Freiraumes zwischen Wohnhaus und Museum erinnert jetzt mit seiner Blumenbepflanzung, einem für Stadtgärten typischen Birnbaum und dem von Schiller geschätzten »Fliederbaum«, einem Holunder, an den ehemaligen Garten. Die Treppenanlage am »Gang« entlang dem Hinterhaus mußte aus funktionellen Gründen neu angelegt werden. Ursprünglich gab es von hier einen direkten Zugang in die Wirtschaftsräume durch die jetzt vermauerte Tür.

Atmosphäre und Authentizität

Mit der baulichen Rekonstruktion des Schillerhauses verband sich der Anspruch, auch das Interieur des Hauses so zu fassen, daß in allen Wohn- und Lebensbereichen eine möglichst große Annäherung an die Gegebenheiten und die Atmosphäre zur Zeit Schillers erreicht wird.

Die Ausgangssituation dafür war weniger glücklich als vergleichsweise im Goethehaus, in dem der Dichter nach fünfzig Jahren gleichsam ein Stück seiner selbst hinterließ und in dem das Originale uns nahezu vollkommen überliefert ist.

Zweifellos hat Schiller sein Haus auch in dem kurzen Zeitraum von drei Jahren geprägt, indem er es seinen »Zuständen«, d.h. seinen und seiner Familie Bedürfnissen und Bequemlichkeiten anpaßte. Nach seinem Tod bewahrte seine Frau Charlotte noch über zwei Jahrzehnte hinweg des Dichters Wohnung »als Schillers heiliges Andenken«. Doch nach ihrem Tod 1826 und dem Verkauf des Hauses verteilte sich der Besitz an Möbeln, Kunstgegenständen, Büchern und Andenken unter die entfernt wohnenden Kinder, Einzelstücke waren oder wurden an nahestehende Menschen verschenkt. Vieles wurde auf einer Auktion veräußert, vor allem Gegenstände, die keinen unmittelbaren Bezug zu Schiller selbst hatten, sondern »nur« zu Familie, Bediensteten und Haushaltung.

Nach Einrichtung der Memorialstätte 1847 war es vor allem Schillers Nachkommen, der großherzoglichen Familie in Weimar, Freunden und Verehrern des Dichters zu danken, daß etliche Möbel, Bilder und Erinnerungsstücke in das Haus zurückkehrten. Die Kustoden des Schillerhauses bemühten sich über viele Jahrzehnte hinweg um Sammlung und Wiedereinfügung von Schillerschem Besitz.

Erstmals wurde seit 1985 das Studium der Quellen über die Erforschung der Lebensweise und der Lebensumstände des Dichters in diesem Gebäude hinaus verstärkt auf die Sphäre der Familie und der Wirtschaftsführung ausgedehnt. Danach war es möglich, den Fundus an originalen »Reliquien« durch analoges Interieur zu ergänzen, das den in Zeugnissen belegten und beschriebenen, aber nicht erhaltenen Gegenständen und Situationen entspricht. Eine dritte Komponente in der Einrichtung des Hauses sind Möbel, Hausgerät u. ä., die zeitgenössisch und nach heutiger Kenntnis den Lebens- und Wohnverhältnissen der Familie Schiller angemessen sind. Durch dieses Zusammenspiel von Authentischem und Analogem wird es möglich, die Atmosphäre des Schaffens, Wohnens und Haushaltens in Schillers Haus nachzuempfinden oder zu erahnen.

Originales Interieur und Gegenstände aus Schillers Besitz werden im Text zu den einzelnen Räumlichkeiten bezeichnet.

»Das Angenehme einer eigenen unabhängigen und bequemen Wohnung«

Am 29. April 1802 vermerkte Schiller in seinem Kalender den Umzug in »das neue Haus«. Er war zu dieser Zeit 43 Jahre alt und über die Landesgrenzen hinaus anerkannt und berühmt, mit Herzog Carl Augusts Worten »der bekannte Gelehrte und Schriftsteller, Herzoglich Sächsischer Hofrat ..., ein Mann« der »in ganz Deutschland genießenden Reputation, anerkannten Gelehrsamkeit und schönen dichterischen Talente«.

Von dieser Wohnung versprach er sich selbst ein abgetrenntes, stilles Refugium zum Arbeiten, für seine Frau und die drei Kinder genügend Freiraum in einem sonnigen, von Luft und Grün des Stadtrandes bestimmten Domizil. Daraus ergab sich auch die Aufteilung der Etagen des Vorderhauses: im Erdgeschoß wie üblich die Wirtschaftsräume, in der ersten Etage die Räume der Familie und im gesamten Mansardgeschoß die Räume Schillers, das Arbeitszimmer dabei von den Bewegungen und Geräuschen im Hause am weitesten entfernt.

Schiller selbst kam zu dem erhofften Vorteil erst nach dem Abschluß der geräuschvollen baulichen Veränderungen im August. Seine Frau Charlotte schrieb schon am 1. Juli an Fritz von Stein: »Unser Haus ist recht freundlich ..., und ich freue mich sehr des Besitzes, weil die Lage meinen Augen wohltätig ist und ich immer wie in einer Laube sitze. Auch für die Kinder ist es sehr freundlich, und für eine Wohnung in der Stadt hat sie alles Angenehme eines Gartenhauses, weil die Esplanade unser Garten ist.«

Den Kaufpreis für diesen erfreulichen Besitz konnte Schiller aus seinen Einkünften nicht sofort aufbringen, er mußte sich hoch verschulden. Er erbat sich und erhielt Vorschüsse von seinen Verlegern Cotta, Crusius und Göschen. Seine Schwiegermutter Luise von Lengefeld und Goethe halfen ihm aus. Bedrückend war die Anleihe von 2200 Reichstalern bei dem Kammergutspächter Weidner aus Niederroßla »gegen Verpfändung seines schriftsässigen – in der Esplanade liegenden – Wohnhauses«.

Schiller kalkulierte notwendige Ausgaben und Einnahmen langfristig und präzise vor und bemaß danach sein Arbeitspensum. »Jährlich ein Stück« gegen 650 Reichstaler (Schillers Kalender, 1804) war fester Bestandteil seines 1801 oder 1802 aufgestellten Arbeits- und Finanzplanes für die Jahre 1804 bis 1808. Er veranschlagte Tantiemen für die Aufführungen seiner Stücke, Honorare seiner Verleger für Werkausgaben und neue Werke und »Interessen« (Zinsen). Es gelang ihm, seiner Familie das Haus schuldenfrei zu hinterlassen. Die Schillers konnten damit ohne Einschränkung dem 1802 ausgestellten Lehensbrief zufolge »das Haus nebst Zubehör zu rechtem freien Erbgut innehaben, besitzen und gebrauchen«.

Rundgang

Man erreicht das historische Haus vom Museumsneubau aus. Über den Verbindungsgang in der ersten Etage betritt man zwei Durchgangsräume in rötlicher Farbgebung, die zum alten Gebäude der »Münze« gehören. Zwei Porträts des Dichters stimmen hier auf den Besuch seines Wohnhauses ein.

Im ersten Durchgangsraum:

Friedrich Schiller

Öl auf Leinwand von Ludwig Frenzel, 1882

Kopie nach dem Originalgemälde von Ludovike Simanowiz (1759 bis 1827), das 1793/94 nach dem Leben während Schillers Aufenthalt in der Heimat entstand. Das Original befand sich in Schillers Besitz. Seine Witwe hinterließ es dem Sohn Karl, aus dessen Nachlaß es 1890 das Schillerhaus Marbach erhielt.

Neben dem Verkaufsraum:

Friedrich Schiller

Öl auf Leinwand nach Johann Friedrich August Tischbein (1750–1812), 1805

Das Bild entstand als Auftragswerk des Leipziger Verlegers Crusius, der für die geplante Prachtausgabe von Schillers Gedichten ein gutes Porträt wünschte und das Gemälde von Tischbein als Kupferstichvorlage verwenden wollte.

Der Maler besuchte den Dichter im Februar 1805 und fertigte Vorstudien an. Schillers Krankheit verhinderte die Ausführung des Gemäldes in Weimar. Für die Vollendung benutzte Tischbein seine Zeichnungen und einen bei dem Bildhauer Dannecker in Stuttgart angeforderten Abguß von dessen 1794 fertiggestellter Büste Schillers.

Von dem Gemälde stellte Tischbein mehrere Repliken her.

Über das anschließende Treppenhaus gelangt man in das

Erdgeschoß
mit der historischen Eingangshalle.

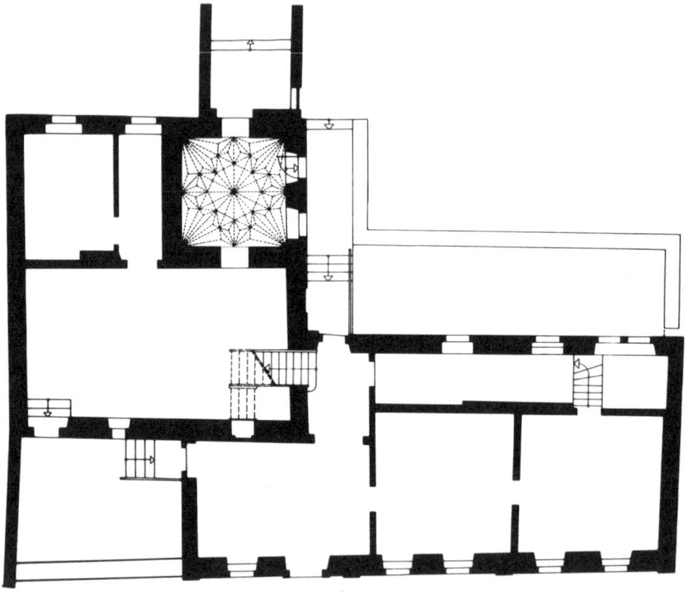

Die Vielzahl der Türen weist die Halle als eine ehemals sehr belebte Verkehrszone aus, in der sich viele Wege kreuzten. Die zweiflügelige, jetzt geschlossene Haustür führt auf die einstige Esplanade und war zu Schillers Zeit und danach bis 1985 der Haupteingang des Schillerhauses. Vor dieser Tür begegneten sich Schiller und Goethe am 1. Mai 1805 zum letzten Mal. Der außen über dem barocken Portal angebrachte Schlußstein mit Schillers Initialen FS wurde erst später eingefügt.

Durch eine zweite Außentür an der Stirnseite führte der Weg über das kleine, hinter der ehemaligen Stadtmauer gelegene Höfchen in die Holzställe des hinteren Gebäudes. Ein sicher stark begangener Weg, denn schließlich war Holz das ausschließliche Brennmaterial und wurde auch im Sommer zum Kochen benötigt. Durch die dritte Außentür schließlich gelangten die Bewohner über einen Gang in den Garten, in dem Schillers Kinder sogar eine kleine Kegelbahn besaßen. Auch über diesen Gang waren die Holzställe zu erreichen, ebenso ein spätgotisches Zellengewölbe im Untergeschoß des Hinterhauses. Eine Herdstelle und ein offener Rauchfang wurden hier gefunden, die Akten von 1826 benennen das Gewölbe als Waschhaus. Es ist heute vom Museumsneubau aus zugänglich, ebenso die dahinter liegende Ausstellung »Schiller auf Münzen und Medaillen« in den ehemaligen Holzställen (s. gesondert erhältliches Faltblatt).

Im Seitengebäude bei den Holzställen befand sich auch ein Pferdestall. Ein Pferd stand hier allerdings nur kurze Zeit im Frühjahr 1805. Schiller hat es nicht mehr geritten.

Durch die Seitengebäude und das Grundstück Windischengasse gab es eine kurze Verbindung zur Stadt, die Schiller gern benutzte; die heutige Neugasse war zu seinen Lebzeiten noch nicht vorhanden.

1826 wohnte im Erdgeschoß die Jungfer Netz, die nach Charlotte Schillers Tod zu Protokoll gab, daß einiges Hausgerät noch von der Frau Hofrätin Schiller stammte. Davon ist nichts mehr erhalten. Das Erdgeschoß wurde entsprechend der Funktion der Räume zur Zeit Schillers und im Stil dieser Zeit ausgestattet.

Sitzbank

Fichtenholz, Beginn 19. Jh.

Die Bank soll nach einem Vorbild aus Schillers Bauerbacher Asyl gebaut worden sein.

Über der Sitzbank

Blick auf das Weimarer Schloß mit Ilm und Kegelbrücke

Öl auf Leinwand von Friedrich Traugott Georgi (1783–1838), um 1810

Stollenschrank

Laubbaumhölzer, Oberflächenfurnier mit Einlegearbeiten; innen zwei zweitürige Fächer, zehn Schubfächer mit fünf Schubkästen; Oberteil tragbar, mit Griffen, frühes 18. Jh.

Zwei **Stühle**, ein **Spiegel** und ein **Konsoltischchen** aus der Zeit um 1800 sowie **Wandleuchten** in Laternenform (Nachbau im 20. Jh.) ergänzen die sparsame Möblierung.

Dienerzimmer

Das Zimmer gleich neben der Eingangstür des Hauses gehörte vermutlich Schillers Diener Georg Gottfried Rudolph (1778–1827). Von hier aus hielt Rudolph wohl viele Fäden in der Hand: den Empfang und das Geleit von Besuchern, die Erledigung der Post, den Kontakt mit den Boten, die kamen und ausgesandt wurden, die Sorge für das leibliche Wohl Schillers – Essen, Trinken, Heizung, Wäsche und Kleidung – , die besondere Fürsorge bei Krankheit.

Rudolph war Schillers persönlicher Bedienter und Schreiber und wurde mit der Zeit ein wirklicher Vertrauter der Familie. Er war mit den Schillers bereits aus Jena gekommen, in Schillers Kalender wird er 1797 zum ersten Mal erwähnt. Rudolphs Vater war Medizinhändler in Unterweißbach im Thüringer Wald und stand offenbar durch Lieferung von Haus- und Arzneimitteln in näherer Beziehung zu Schiller, so daß er seinen Sohn hier in Lohn und Brot bringen konnte.

In den wenigen Zeugnissen wird Rudolphs Geschicklichkeit, Bescheidenheit und Treue gelobt. Er begleitete Schiller auch auf Reisen und zu den Arbeitsaufenthalten außerhalb Weimars (z. B. in Ettersburg 1800). In den schweren Krankheitstagen und -nächten Schillers zog dieser ihn allen anderen Fürsorgenden vor. Schiller starb in den Armen seines Dieners Rudolph.

Nach dem Tod seines Dienstherrn wurde Rudolph in Tübingen von Schillers Verleger Cotta aufgenommen. Er kehrte jedoch bald nach Weimar zurück und erhielt eine Anstellung in der Schatullverwaltung der Großfürstin Maria Pawlowna. Sein Vater und er selbst blieben mit der Familie Schiller im Andenken an den verstorbenen Dichter auf Lebenszeit verbunden.

Die einfache Einrichtung des Raumes wurde den Lebensumständen Rudolphs nachempfunden, die bemalten Bauernmöbel stammen aus seinem heimatlichen Thüringer Wald. Das Zimmer war wahrscheinlich der Arbeitsraum des Dieners, ob er ihn gleichzeitig als Wohn- und Schlafraum nutzte, ist fraglich. Die Kammer Rudolphs könnte sich ebensogut in einem oberen Geschoß des Hinterhauses befunden haben, in größerer Nähe zu seinem Herrn. Die originale Einrichtung war nicht mehr zu ermitteln, aber ein Gefühl für das Wirken des jungen Dieners in dieser Häuslichkeit läßt der Raum wohl aufkommen.

An der Fensterwand:

Schreibschrank

Nadelholz, um 1800
Ein Schreibschrank gehörte mit Sicherheit zu den wichtigsten Möbeln in Rudolphs Reich. Für Schreibarbeiten wurde der Diener zum Teil gesondert bezahlt, wie eine Kalendereintragung Schillers vom 1. August 1800 belegt: »An Rudolph für Kopien 3 Rtlr. 6 Gr.«

Auf der Schreibplatte liegen zwei Handschriften:

Schiller, Punschlied

Abschrift Rudolphs von 1803 für die geplante Prachtausgabe von Schillers Gedichten, die in vier Bänden bei Crusius erscheinen sollte, aber durch den Tod Schillers nicht mehr zustande kam. Rudolphs Abschriften für diese Ausgabe »bieten für einen großen Teil der Schillerschen Gedichte die einzige handschriftliche Überlieferung«.
Faksimile 1988

Eintragung in das Stammbuch Karls von Schiller
»Keinen kalten Wunsch, noch langes Wortgepräng –
Nur die Bitte – behalten Sie lieb
Ihren
treuen unterthänigen
Gf. Rudolph
Weimar
am 3ten August
1805«

Der Text ist in eine Radierung hineingeschrieben mit der Unterschrift: »Berlepsch. Göttingen bey Wiederhold«.
Faksimile 1988

Auf dem Schreibschrank:

Tintenfaß und Streusandbüchse
Fayence, 1. Hälfte 19. Jh.

Leuchter
mit verstellbarem Kerzenhalter, Blech

Über dem Schreibschrank:

Dorfszene vor dem Gasthaus
Öl auf Leinwand von unbekannt nach niederländischer Vorlage, um 1750

Das nebenstehende einfache **Arbeitstischchen** und der **Eckschrank** gegenüber mit einigem **Hausgerät** lassen die Beschäftigungen des Dieners erahnen. Im Hintergrund des Raumes wird mit **Bauernmö-**

beln und eichenem **Bett** der vermutete Wohnbereich angedeutet.

Neben dem Eckschrank:
Friedrich Schiller
Öl auf Holz von Henriette Christiane Westermayr (1772–1841), 1804
Nach einer Steinzeichnung von Conrad Westermayr (1765–1834), um 1800

Links und rechts vom Kleiderschrank:
Der Raucher, Der Trinker
Öl auf Holz von Johann Joseph Schmeller (1796–1841)
Kopien nach niederländischen Vorbildern

Über dem Bett:
Die Leuchtenburg bei Kahla
Aquatinta von Christian Carl Ludwig Heß (1776–1853), um 1830

Küche

In den Jahren bis zu Schillers Tod wurde von dieser Küche aus eine Familie mit drei, seit 1804 mit vier Kindern versorgt, dazu mehrere Bedienstete, die im Haus tätig waren.

Haushalt und Finanzen der Familie Schiller waren immer angespannt, da der angestrebte gutbürgerliche Lebensstil entsprechende Kosten verursachte. Charlotte von Schillers Sicht auf diese Umstände war gelassen und bescheiden: »Ich richte auch gern mein Hauswesen so ein, daß alles in einem gewissen Maße bleibt; ich halte dafür, man muß nie daran erinnert werden, und man muß sich und andern nicht merken lassen, was man sich versagt, weil man das Leben sonst weniger rein genießt, wenn man sich immer von Entbehrungen vorspricht. Ich selbst könnte viel entbehren und habe wenig Bedürfnisse.« (1797 an ihre Schwägerin Christophine Reinwald.) Sie wirtschaftete sparsam, verschiedene Briefe bezeugen, daß sie z.B. Kaffee, Zucker und auch Mehl sehr preiswert en gros aus Leipzig kommen ließ.

Weimar war ein besonders kostspieliger Wohnort, die von Herzog Carl August bewilligten zusätzlichen zweihundert Taler Gehalt jährlich brachten dafür nur einen kleinen Ausgleich. 1804 veranschlagte Schiller, daß er jährlich 2000 Reichstaler brauche, »um mit Anstand hier zu leben«, davon habe er »zwei Dritteile, zwischen 1400 und 1500 Rtlr. mit … schriftstellerischen Einnahmen bestritten«. Schiller rechnete die Lebenshaltungskosten in seinem Kalender auf. Charlotte führte ein Wirtschaftsbuch. Zu beidem trifft die Ausstellung zum Alltag der Familie detaillierte und aufschlußreiche Aussagen.

Daß das Hauswesen eines gewissen Wohlstands und der Bequemlichkeit nicht entbehrte, beweist die Beschäftigung mehrerer Bediensteter im Haus, deren Besoldung und Unterhalt offensichtlich durchaus tragbar waren.

Für 1802 berechnete Schiller seinem Diener »Rudolf mit Rock« 40 Reichstaler und »45 [Rtlr.] Lohn der weib[lichen] Domest[iken]«. Zu den weiblichen Bediensteten gehörte seit 1793 bis zu ihrem Tode 1814 »die Christine«, die Kinderfrau (Christina Wetzel, 1763–1814). Sie hat wohl über die Betreuung der Kinder hinaus viel Arbeit im Haus besorgt, denn Charlotte bezeichnete sie 1814 als ihre »alte treue Schaffnerin« und klagte im Dezember 1810, daß »Christine noch allein an der Spitze des Hauswesens« stehe, da »Louise ihre Gehülfin« und Charlotte selbst krank waren. Eine Küchenfrau war demnach noch zusätzlich im Haus, vielleicht 1804 auch eine Amme wie schon nach der Geburt des dritten Kindes.

Der Haushalt war also doch relativ aufwendig, und man muß sich in der Küche einige Betriebsamkeit denken. Die Küche präsentiert sich mit **Hausgerät**, wie man es zur Zeit der Familie Schillers vermuten kann, mit Tellern, Töpfen, Pfannen, Krügen, Sieben, Vorratstöpfen, Backmulden usw. Erwähnt seien nur einige Gerätschaften, deren Zweck heute nicht mehr ohne weiteres ersichtlich ist:

Auf dem Ofen:

Pfannenknecht
mit 3 Füßen, verstellbar

Waffeleisen
mit zwei scherenähnlichen langen Stielen

Auf dem Tellerschrank:

Quarktopf oder Reibetopf
mit Löchern in Gefäßwand und -boden, Keramik, grüne Glasur

Unter dem hinteren Fensterbrett:

Fischeimer
korbähnlich, oval, mit Traghenkel und Schöpflöffel

Auf dem hinteren Fensterbrett:

Kaffeeröster
Drehbare Trommel mit Kurbel, darunter Brenngefäß

Leinenwickler
Holz mit Einbuchtungen

Hinter dem Schrank:
Stampfer
mit Stößel

Butterfaß
mit Weiden- und Eisenband gefaßt

Zwischen vorderer Tür und Herd steht ein sehr schlichtes, aber zweckmäßiges Küchenmöbel:

Gitterschrank
Kiefer, dunkel gebeizt, innen mit Leinen bespannt, dahinter sechzehn Fächer
Aus den Museen Heidecksburg, Rudolstadt

Bei den restauratorischen Arbeiten wurde die Lage der Herdstelle festgestellt. Sie wird durch den gemauerten Block und den Rauchabzug angedeutet.

Im hinteren Teil der Küche verbirgt sich unter der Falltür eine Treppe in das »Kellerchen«. Die Regierungsakten aus dem Jahr 1826 haben festgehalten: »In dem Keller befand sich nichts als ein altes Weinlager.« Die Weinbestellungen Schillers waren beachtlich, wie sich aus seinen Kalendereintragungen und dem Weinvorratsbuch entnehmen läßt. Auch daraus finden sich in der Ausstellung zum Familienalltag eindrucksvolle Auszüge.

Ausstellung
Geschichte des Hauses – Alltag der Familie

In dem ehemaligen Wirtschaftsraum wurde auf eine fiktive historisierende Einrichtung verzichtet und statt dessen eine kleine Tafelausstellung installiert.

Amtliche Schriftstücke und ganz private Notizen geben Auskunft über die Besitzer des Hauses, über Ankauf, Finanzierung und Einrichtung durch Schiller, erlauben Einblicke in das Familienleben und die Haushaltung der Schillers. Ein Stammbaum sowie Bildnisse von Geschwistern und Kindern des Dichters machen die verwandtschaftlichen Beziehungen überschaubar.

Einige der Exponate sind Kopien von wertvollem Archivmaterial, das Aufschlüsse für die Rekonstruktion und die Einrichtung des Wohnhauses gab.

Über dem Tisch:

Weimar, Schloß mit Ruinenmauer nach dem Brand von 1774
Aquarellierte Tuschzeichnung, vermutlich von Georg Melchior Kraus (1737–1806)

Daneben:

Zwei Stühle
Angefertigt 1942 im Zuge der Nachbildung der wichtigsten Schillermöbel
Die Originale stehen in Schillers Arbeitszimmer.

Treppenhaus

Das Treppenhaus erschloß nach dem vermutlich von Schiller veranlaßten Umbau (s. S. #) sowohl die Etagen des Vorder- als auch die des Hinterhauses.

An der Wand:

Eurydike; Orpheus
Gipsreliefs, vermutlich von Martin Gottlieb Klauer (1742–1801),
Ende 18. Jh.
Nach Marmorreliefs im Vatikan, Rom

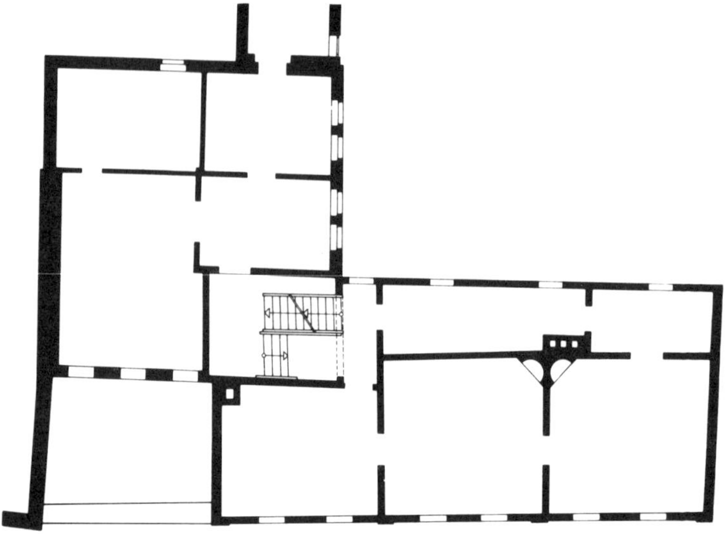

Erste Etage

In der ersten Etage des Hauses lagen die gemeinsamen Wohnräume der Familie Schiller, Charlottes Wohnbereich und die Schlafkammer der Töchter. Hier spielte sich das Familienleben ab, ohne daß Schiller in der von ihm genutzten darüberliegenden Etage gestört wurde. Hier traf sich aber auch die ganze Familie zu gemeinsamen Mahlzeiten oder familiären Stunden. In diesen Räumen wurden Gäste der Familie oder der Hausfrau empfangen.

Schiller mußte sich zur Arbeit, sehr oft auch seiner Krankheit wegen von der Familie isolieren. Doch er war ein Mensch, der die Geborgenheit und Gemeinsamkeit im Kreise von Angehörigen sehr benötigte und schätzte. Er war glücklich mit seiner Familie und schrieb z.B. 1804 an Fischenich: »Mit meiner Frau und den Kindern geht es vollkommen gut, und von dieser Seite hat mir der Himmel nichts als Freude gegeben.« Äußerungen von Freunden bestätigen eine harmonische Familienatmosphäre. Seume urteilte 1801: »Schiller ist mir am liebenswürdigsten gewesen als Hausvater«, und der schwärmerisch von Schiller eingenommene Johann Heinrich Voß (d. J.) schilderte viele rührende kleine Szenen Schillers mit den Kindern. An Niemeyer schrieb er: »Schiller hängt an seinen Kindern mit der zärtlichsten Vaterliebe.«

Von Weimar gingen verschiedene ähnlich lautende Briefe Schillers an Freunde, die seine Sorge und Verantwortung gegenüber Frau und Kindern zum Ausdruck bringen. Wenigstens bis zum 50. Lebensjahr wolle er noch tätig sein, »um ihnen die nötige Unabhängigkeit zu verschaffen«. »Sie sehen, daß ich Sie ordentlich wie ein Hausvater unterhalte, aber ein solches Häuflein von Kindern, als ich um mich habe, kann einen wohl zum Nachdenken bringen«, schrieb er im April 1805 an Wilhelm von Humboldt.

Die Kinder durften den Vater wohl besuchen im oberen Geschoß, und auch Charlotte hielt sich dort auf zur stillen Gesellschaft, zum Musizieren oder zum Gespräch mit Freunden. Der geräuschvolle Familienalltag aber verlief in den sonnigen Räumen der ersten Etage.

Diese harmonischen Verhältnisse hatten nur eine Dauer von drei Jahren. Nach Schillers Tod gab es im Laufe von zwei Jahrzehnten durch veränderte Lebensweise und andere Lebensumstände verschiedene Veränderungen im Haus, bis hin zu Vermietungen. Das erste Obergeschoß blieb über all die Jahre hinweg Charlotte von Schillers uneingeschränktes dauerhaftes Refugium. 1826 bestätigte der Hofrat Zwierlein, »daß die ganze mittlere Etage des Hauses … von der Frau Hofrätin Schiller bewohnt worden sei«.

Ihre Persönlichkeit und ihr Lebensstil haben diese Räume geprägt. Das wurde bei der Wiedereinrichtung 1988 berücksichtigt. Die ursprüngliche Ausstattung ist uns weit mehr aus Berichten bekannt als gegenständlich erhalten. Das in vielem nach Analogieschlüssen ausgewählte heutige Interieur geht von der Lebenszeit Charlottes aus, die noch die Mode des Biedermeiers erlebte, und von ihrem ganz persönlichen Ambiente, in dem sie ihrer Familie und ihren Erinnerungen lebte.

Wohn- und Eßzimmer

Dieser Raum wurde gewonnen durch die Verlegung des Treppenhauses. Er könnte der Familie Schiller als Wohn- und Eßzimmer gedient haben, was eine funktionelle Trennung von dem im Mittelpunkt der Etage gelegenen eleganten Salon ermöglicht hätte.

Der Wohnraum war ganz sicher auch der Aufenthaltsraum der Kinder, da sich die Kammern nur zum Schlafen eigneten. Szenen, wie sie

Charlotte 1801 in der Windischengasse beschreibt: »Wie ich denn die Stube voll [Besuch] hatte und die drei Kinder lärmten ...«, haben auch diesen Raum erfüllt. Zumal ja die Kinder von Altersgefährten besucht wurden, von Goethes Sohn August und dem Vetter Adolph von Wolzogen zum Beispiel.

Über die Tischgewohnheiten Schillers informiert glaubhaft seine Schwägerin Caroline; und Voß d. J. beschreibt mehrfach, wie sich Schiller während der Mahlzeiten heiter oder erzieherisch mit den Kindern befaßte. Hin und wieder wurde die Tischgesellschaft durch Gäste erweitert: die Schwiegermutter, die Familie Wolzogen, ab 1804 auch durch den jungen Voß. Dessen Eltern und Goethe berichten ihrerseits über Einladungen zum Mittagstisch bei Schiller.

Insgesamt sind die Zeugnisse über Besucher im Hause rar. Gesellschaften, d.h. Lesungen mit Souper und Wein oder einem kleinen Hauskonzert mit Corona Schröter, wie sie in der Windischengasse einige Male stattgefunden haben, dürften selten gewesen sein. Gründe gab es dafür verschiedene. Schiller schrieb schon 1799 an Körner, wieviel es ihn in Jena gekostet habe, »ein kleines Haus zu machen« und oft Gäste zu bewirten. »Dies fällt in Weimar weg«, dort wolle er mehr in Gesellschaft gehen. Gewichtiger waren die notwendige Zurückgezogenheit beim Arbeiten und seine häufigen schweren Krankheiten, die Besuche in seinem Haus verhinderten. Ein freundlicher Gastgeber war er aber allemal. Ernestine Voß erinnerte sich: »Seine liebenswürdige Herzlichkeit stimmte uns schon bei dem Aussteigen aus dem Wagen gemütlich, ich möchte sagen häuslich.« (30. Oktober 1802.) Für den jungen Voß richtete er 1804 in seinem Hause die Geburtstagsfeier aus.

Oft ist nicht ersichtlich, in welchem der Räume ein geselliges Zusammentreffen stattfand. Familienangehörige und die mit Charlotte befreundeten Damen fanden sich aber bestimmt in den unteren Stuben ein, wie z.B. Amalie von Imhof 1802: »Ich brachte den Abend bei Schillers mit der Mutter zu, wir spielten mit der kleinen Caroline, die ein reizender Engel ist, sprachen allerlei Vernünftiges und scherzten über gesellschaftliche Beziehungen, die nicht immer erquicklich jetzt sind.«

Eine besinnliche Silvesterfeier, wie sie Caroline von Wolzogen schildert, könnte im Salon der ersten Etage, ebenso aber in Schillers oberem Salon begangen worden sein: »Am letzten Abend des Jahres 1802 las Schiller aus der Braut von Messina vor, wobei auch unsre gute Mutter zugegen war. Es war ein herrlicher Abend. Schiller war sehr heiter und versprach uns, jeden Silvester-Abend mit einer neuen Tragödie zu feiern.«

Nach Schillers Tod lebte Charlotte sehr zurückgezogen. Doch war ihr Haus natürlich ein Anziehungspunkt für frühere Freunde und Verehrer Schillers und offensichtlich ein gastlicher und beliebter Treffpunkt der Verwandten und Bekannten: »Der Graf Geßler ist hier und besucht uns; die Frau [Caroline] hat keinen Herd, der raucht ... Da habe ich durch Hülfe der Christine die Besorgung übernommen, halte offne Tafel und habe gestern Herrn Schulze von zwei Uhr bis neun Uhr abends in meinen Pfählen bewirtet.« (1811) – »Mittwoch hatte ich eine Gesellschaft bei mir, Hufeland von Berlin, Gersdorf, Schardt und Frau« (1814).

Humorvoll berichtet sie über das Weihnachtsfest 1812: »Die übrigen Tage hatte ich so viel Visiten, daß mir die Stelle aus der berühmten Frau einfiel, es sah aus, als wäre ich auch berühmt. Kaum ist der Morgen grau, so krachen schon die Treppen etc.« (31. Dezember 1812.) »Bei mir ist der Sammelplatz«, schreibt sie im gleichen Winter an die Prinzessin Caroline Luise nach Ludwigslust (17. Januar 1813).

Die spätere Mieterin Berta von Browe berichtet über Tischgesellschaften bei Charlotte von Schiller, bei denen Werke Schillers gelesen wurden. Ihren Gästen zuliebe veranstaltete sie sogar eine Teegesellschaft mit Kartenspiel. »Denken Sie nur, meine gnädigste, geliebteste Prinzeß, was aus einem werden kann! Gestern hat Frau von Stein bei mir Whist gespielt!! Ich habe eine Genfer Soirée gegeben ...« Doch sie selbst saß »neben der Partie«. »Wenn ich so mitleben müßte, so würde ich recht arm in mir, denn des Geistes Lämpchen verlischt leicht.«

Im August 1818 richtete Charlotte noch ein großes Geburtstagsfest für ihre Mutter und die Tochter Emilie aus. Solche geselligen Stunden wurden mit dem Weggang der Kinder mehr und mehr die Ausnahme, und im Alter führte Charlotte oft ein einsames Leben. Salon und Wohnzimmer hatten ihre Bedeutung als Mittelpunkt eines lebhaften Familienlebens verloren.

Der Charakter des Zimmers wird bestimmt durch den großen aufklappbaren **Tisch** und die ihm zugeordneten Sitzgelegenheiten – **Kastensofa** und **Stühle** aus der Zeit um 1800. Der Gewohnheit der Zeit entsprechend waren die Stühle überwiegend an den Wänden aufgereiht und wurden erst bei Gebrauch an den Tisch herangerückt.

Auf dem Tisch:
Suppenterrine
Porzellan, Marcolini

Über dem Sofa:
Der Golf von Sorrent mit der Insel Capri
Öl auf Leinwand von Jacob Philipp Hackert (1737–1768), 1793

Die Bilder dieses Künstlers waren Charlotte gut bekannt, eines diente ihr sogar als Vorlage für eine eigene Arbeit: »Ich zeichne auch einen Baum nach Hackert und bin gar nicht übel zufrieden mit mir.« (1811)

Hinter dem Sofa an der Fensterwand:
Frauenbildnis
Zeichnung von Adam Friedrich Oeser (1717–1799)

Darunter auf dem Boden:
Urnenvase
mit glockenförmigem Deckel, Porzellan, Chinoiserie

Zwischen den Fenstern:
Serviertisch
Mahagoni, mit bemaltem Blecheinsatz, um 1800

Diese Tischchen waren um 1800 en vogue, und Charlotte muß ein ähnliches besessen haben, denn Schiller schreibt ihr im August 1804, »ein kleines Teetischgen mit einem lackierten Blech« stehe für sie bereit.

Über dem Serviertisch:
Bockenheimer Bollwerk
Öl auf Holz von unbekannt

Darüber:
Holländische Landschaft
Öl auf Holz von Alexander Thiele (1685–1752), 1. Hälfte 18. Jh.

Links neben der Eingangstür:
Vitrinenschrank
Birnbaum, Biedermeier

Er enthält Glas und Porzellan, das in Haushalten um 1800 gebräuchlich war. Einiges davon befand sich im Besitz der Familie Schiller oder hat eine Beziehung zu ihr.

Im oberen Fach:

Sechs Sektkelche

»Sie waren früher Schillers Eigentum, kamen nach seinem und seiner Frau Tode in den Besitz der hier verstorbenen Frau Geheimrätin Frau Wolzogen, Schwester der Frau von Schiller ...«, lautet das Beglaubigungsschreiben des Dr. Kieser aus Jena vom 9. Oktober 1859, der die Gläser bis zu diesem Tag aufbewahrt hatte und sie dann dem Schillerhaus übergab.

Kaffee-Service
für zwei Personen, Porzellan, weiß, blau, stark vergoldet, um 1819, Porzellanmanufaktur Safranow bei Moskau

Als Dank für den »Wallenstein«, der am 20. April 1799 in Weimar mit außerordentlichem Erfolg aufgeführt wurde, erhielt Schiller am 13. September 1799 von Herzogin Luise ein für ihn gefertigtes silbernes Service als Geschenk. Offensichtlich beeindruckt äußerte sich Schiller darüber in verschiedenen Briefen, so am 26. September an Christian Gottfried Körner: »Der Wallenstein hat uns auch ein ansehnliches Präsent in einem silbernen Kaffeeservice eingetragen, von der regierenden Herzogin; und so haben sich die Musen diesmal gut aufgeführt«, und an seine Mutter: das Präsent sei »sehr prächtig« und werde »auf 25 Louisdors geschätzt«. Das silberne Service ging verloren, an das Ereignis erinnert das ausgestellte prunkvolle Porzellanservice aus dem herzoglich-weimarischen Besitz.

Im Bodenfach:

Kaffee- und Schokoladenkanne
Porzellan, weiß, mit Blumendekor und der Initiale »S«

Zur Hochzeit Schillers mit ihrer Tochter Charlotte am 22. Februar 1790 ließ Luise von Lengefeld, Charlottes »chère mère«, diese Kanne für das junge Paar anfertigen, der Überlieferung zufolge in Volkstädt, das Manufakturzeichen deutet jedoch auf die Porzellanmanufaktur Wallendorf hin.

Dahinter:

Salatschüssel
Glas, blau
Aus dem Besitz der Familie Schiller

Auf dem Vitrinenschrank:

Kanne und Krug aus Zinn

Rechts neben dem Vitrinenschrank:

Friedrich Schiller
Pastell von Otto Rasch (geb. 1862), 1909, nach Ludovike Simanowiz, 1793

Das Originalgemälde, eine Studie und Vorarbeit zu dem 1793/94 entstandenen großen Ölbild der gleichen Künstlerin, hat Schiller selbst besessen.

Die hier gezeigte Kopie wurde 1909 von Professor Otto Rasch nach dem Original, welches sich zu dieser Zeit in Weimarer Privatbesitz befand, angefertigt und anläßlich des 150. Geburtstages des Dichters von der Weißschen Töchterbildungsanstalt Weimar dem Schillerhaus geschenkt.

Der beabsichtigte Ankauf des Originals scheiterte aus finanziellen Gründen: Ein Sammelstock für das Schillerhaus war nicht vorhanden und der städtische Rat nicht bereit, den relativ hohen Kaufpreis aus laufenden Mitteln zu bewilligen. Das Marbacher Schiller-Nationalmuseum erwarb 1914 das Porträt für 7000 Mark von der letzten Besitzerin für seine Sammlung.

Links neben dem Vitrinenschrank:

Caroline Christiane Schiller (1777–1796), genannt Nanette
Pastell von Christophine Reinwald, geb. Schiller (1757–1847)

Christophine Reinwald hat ihre Schwester mehrfach porträtiert. Das hier gezeigte Pastell kann nicht eindeutig datiert werden. Auffallend ist die große Ähnlichkeit in Ausdruck und Haltung mit dem von Ludovike Simanowiz angefertigten Gemälde, das sich seit 1796 in der elterlichen Wohnung auf der Solitude befand, wo es Christophine während eines Aufenthalts in der Heimat im gleichen Jahr kennenlernte. »Ihr Bild hängt in meinem Schlafzimmer, es ist gut getroffen, aber sie muß schöner noch gewesen sein, doch ist ein großer Ausdruck darin, der hauptsächlich in ihrem Gesicht lag«, teilte sie ihrem Bruder mit. Bei der Teilung des Nachlasses der Mutter wurde Christophine das Simanowiz-Gemälde zugeeignet. Denkbar wäre, daß dieses Bild Christophine als Vorlage für ihre hier präsentierte Arbeit diente.

Nanette Schiller erlag in ihrem 19. Lebensjahr einem auf der Solitude ausgebrochenen epidemischen Fieber. »Meine jüngste Schwester, ein Mädchen voll Hoffnung, von Talent und die auch hübsch war, ist vor 8 Wochen ... gestorben«, beklagte Schiller im Mai 1796 den Tod Nanettes in einem Brief an Körner.

Das Bildnis wurde im Jahre 1922 auf einer Auktion für das Schillerhaus Weimar erworben.

Rechts hinter der Eingangstür:

Blumenstück, Rose und blaue Winden
Wasserfarbenzeichnung von Christophine Reinwald
Familienbesitz

»Du hast einmal unter Zeichnungen von Dir eine Moosrose geschickt, die ziert die Stube der Nichten«, schrieb Charlotte von Schiller am 5. August 1814 an ihre Schwägerin Christophine und bedauerte, daß ihre Tochter

Caroline ihre Zeichenkunst nicht bei der »lieben Tante« ausbilden konnte, da sie zu weit entfernt wohnte.

Schillers älteste Schwester Christophine verfügte über ein beachtenswertes Zeichentalent. Sie dilettierte als Natur- und Bildnismalerin, kopierte Kupferstiche und Gemälde und versuchte sich vor allem im Porträtieren Familienangehöriger. Ihre besondere Vorliebe galt dabei ihrem Bruder Friedrich, den sie mehrfach nach dem Leben bzw. nach ihr zugänglichen Stichen zeichnete.

Christophine heiratete 1786 Wilhelm Friedrich Reinwald, Bibliothekar in Meiningen, Freund Schillers und zuverlässiger Literaturberater während seines Bauerbacher Aufenthalts. Im gleichen Jahr begann sie, interessierten Schülern Zeichenunterricht zu erteilen, der ihr neben gesellschaftlicher Anerkennung auch zu Reinwalds geringem Gehalt einen guten Nebenverdienst sicherte. Persönlich hatte sie jedoch von diesen Einnahmen, wie die Mutter Elisabeth Schiller in einem Brief an den Sohn bemerkte, keinen Nutzen: »Wirklich das ist höchst lieblos und hart, daß sie ihm [Reinwald] ihren Verdienst vom Zeichnen in den Haushalt geben muß, wo er ihr, wie sie sagt, fast noch keine Kleiderstücke angeschafft, sie es doch zu diesem anwenden sollen.« Ohne auf gesundheitliche Belastungen seiner Frau Rücksicht zu nehmen, bestand Reinwald auf der Fortsetzung des inzwischen hinderlich gewordenen Unterrichts. Erst eine Reise Christophines nach Schwaben 1796 beendete diese Tätigkeit, die sie auch nach ihrer Rückkehr, ungeachtet Reinwalds Verärgerung, nicht wieder aufnahm. Erst als Witwe gab sie zu ihrem Vergnügen zeitweise wieder einige Zeichenstunden.

Darunter:

Bauernhaus am Ufer und Fischer im Kahn

Radierung von Charlotte von Lengefeld unter Anleitung von Johann Heinrich Lips (1785–1817), 1790

Familienbesitz

Seit ihrer Jugend brachte Charlotte dem Zeichnen Neigung und Interesse entgegen und war bemüht, ihre Fertigkeiten darin zu erweitern.

Bei ihrer Patin Charlotte von Stein, die sich ebenfalls als Zeichnerin versuchte, lernte Charlotte von Lengefeld im Dezember 1789 den Schweizer Maler und Kupferstecher Johann Heinrich Lips kennen. Sie freute sich der interessanten Bekanntschaft und nahm eine Zeitlang Unterricht bei Lips.

Am 14. Januar 1790 bat sie Schiller, sein Eintreffen in Weimar anzukündigen: »... weil wir vielleicht noch in der Zeichenakademie sein könnten ... Lips ist darin angestellt, und ich denke, es soll mir einigen Nutzen bringen, daß er mich unterrichtet, und kann mir doch, ob gleich die Zeit kurz ist, noch etwas lernen.«

Schon wenige Tage später – am 27. Januar – berichtete sie Schiller nach Jena über ihre Ausbildung: »Ich habe heute angefangen an einer Platte zu zeichnen, die ich radieren soll, unter seiner [Lips'] Aufsicht, ich habe einen großen Trieb zu dieser Kunst, und ich möchte gar gern es zu etwas bringen, auch glaube ich, es würde mir gelingen; wenn er uns dann und wann besuchte in Jena, so könnte er mir noch vieles sagen. Wenn ich doch zu deine Werke die Platten machen könnte, in Zukunft, es wäre gar artig, nicht wahr.«

Ihr Vergnügen an der Zusammenarbeit mit Lips und besonders erste künstlerische Erfolge beschrieb Charlotte am 4. Februar 1790: »Wir sind den Mittag bei der St. [Frau von Stein], wo auch Lips sein wird. Du wirst große Freude an meiner Kunst erleben. Lips hat sich sehr verwundert, wie ich's so gut gemacht habe, und lobt mich. Es macht mir gar große Freude, ich bin wie ein Kind, ich möchte immer nur daran arbeiten.«

Seinem Freund Körner teilte Schiller am 24. Oktober 1791 mit: »... meine Lotte ist voll Eifer fürs Zeichnen, und viele geschickte Künstler, auch Goethe, muntern sie dazu auf, weil sie wirklich einiges Talent dazu hat ...«, doch Charlotte setzte ihre künstlerische Arbeit in Jena nicht, wie sie es gewünscht und geplant hatte, fort.

Hinter der Tür zum Salon:

Caroline von Mellish, geb. von Stein-Nordheim
Pastell von unbekannt

Gattin des Schriftstellers und Übersetzers Charles Mellish of Blyth (1768–1823), des vormaligen Besitzers dieses Hauses.

Auf dem **Eckschrank** (Mahagoni, um 1800):

Kaffeekanne
sogenannte Tröppelminna

Auf dem **Ofen** Hausrat aus der Zeit um 1800: eine **Teefilterkanne**, eine **Kupferkanne** mit Haubendeckel, ein **Röhrenkrug** und ein kupferner **Wasserkessel.**

Geschirr und Hausrat unterstreichen den Charakter des Eßzimmers. Die prächtige klassizistische **Deckenleuchte** vervollständigt den Raumeindruck. Die Fensterdekorationen wurden nach Vorlagen aus Friedrich Justin Bertuchs »Journal des Luxus und der Moden« im Stil des Klassizismus nachempfunden.

Tapeten und Bordüren wurden nach im Schillerhaus gefundenen Mustern neu gedruckt, sie sind jedoch wie im Salon (hier diente in Analogie zum Zeitgeschmack eine Bordüre aus dem Tiefurter Schloß als Vorlage) und in Charlottes Zimmer nicht für diese drei Räume belegt.

Gesellschaftszimmer (Salon)

Die Möbel des Schillerschen Salons sind verschollen, aber in Briefen und Notizen findet sich doch mancher Hinweis auf die Einrichtung des jungen Ehepaares und später der Familie Schiller. So läßt sich die gediegene, ja repräsentative Möblierung des Raumes aus dem Umstand erklären, daß Schillers Schwiegermutter Luise von Lengefeld, die ein relativ wohlhabendes, adliges Haus führte, dem jungen Paar Möbel aus ihrem Besitz schenkte. Schiller berichtete darüber in mehreren Briefen. An seinen Vater Caspar Schiller schrieb er am 10. März 1790: »Mein Frau ist ganz eingerichtet zu mir gekommen, und alles, was zur Haushaltung gehört, hat meine Schwiegermutter gegeben«, und an die Schwester Christophine am 16. Mai 1790: »Durch die Fürsorge und Güte meiner Schwiegermutter sind wir gar anständig eingerichtet ...« Allerdings wohnten die jungen Leute in dieser Zeit in Jena in Kost und Logis und führten keinen selbständigen Haushalt. Zwei Sofas und anderthalb Dutzend Sessel soll die Schwiegermutter gestiftet haben, und diese wurden wohl später auch nach Weimar mitgenommen.

Die Sitzmöbel des Salons, ein **Sofa**, zwei **Sessel** mit Armstützen, drei **Stühle**, gehören verschiedenen Möbelstilen an – Rokoko, Louis-Seize, Zopfstil – und konnten in einer Wohnung um 1800 als schöne Erbstücke gelten. Gleiche Bezüge und Behandlung des Laubbaumholzes lassen sie als gutgefügtes Ensemble wirken, das den runden **Tisch** mit Marmorplatte (2. Hälfte des 18. Jh.) harmonisch einbezieht.

Über dem Sofa:
Links oben:

Calliope, Muse der epischen Dichtung
Kupferstich von Ridé (2. Hälfte 18. Jh.) nach August Felix Fortin (1763–1832)

Darunter:

Rückkehr des jungen Plinius
Kolorierter Kupferstich von Thomas Burke (1749–1815) nach Angelica Kauffmann (1741–1807)

In der Mitte:
Lesende Dame
Öl auf Leinwand von unbekannt, italienischer Barock (Kopie?)

Rechts oben:
Clio, Muse der Geschichtsschreibung
Kupferstich von Ridé nach August Felix Fortin

Darunter:
Virgil schreibt seine Grabschrift
Kolorierter Kupferstich von Thomas Burke nach Angelica Kauffmann

Neben der Eingangstür:
Kommode
Nußbaum, Barock

Schiller legte Wert auf »gute Kommode[n]«, sie gehörten für ihn zum soliden Komfort, den er seiner Wohnung abverlangte. 1804 berichtet er von »zwei eichenen Kommoden« im Zimmer der Kinder. Dem Salon entspricht dieses elegante Möbel mit gitterförmigem Furnier.

Auf der Kommode:
Asklepios (Äskulap), griechischer Gott der Heilkunst
Büste, Abguß 1989 nach einer römischen Kopie des griechischen Originals in Marmor, Ende 5. Jh. v. u. Z.

Über der Kommode:
Links:
Raub der Europa
Öl auf Leinwand von Adam Friedrich Oeser, um 1780

Mitte:
Italienische Felsenlandschaft am Meer
Öl auf Holz von Alexander Trippel (1744–1793)

Rechts:
Antike mythologische Szene
Pastell von unbekannt

Neben dem **Ofen** (um 1785):
Tischchen
Mahagoni, um 1800

Auf dem Tischchen:
Urnenvase
Zinn, bemalt, klassizistische Vasenform

Die Öffnungen lassen auf die Verwendung als Duftvase, gefüllt mit Blütenblättern und Gewürzen, schließen.

Rechts neben der Ausgangstür:
Karoline Beck (1766–1784)
Öl auf Leinwand von Johann Heinrich Tischbein (?)

In Anwesenheit des Dichters fand am 15. April 1784 die Premiere des bürgerlichen Trauerspiels »Kabale und Liebe« am Mannheimer Nationaltheater statt. Die Rolle der Luise wurde in dieser Aufführung, die eine »ungewöhnlich günstige Aufnahme« beim Publikum fand, von Karoline Beck verkörpert.

Rechts und links der Fenster:
Zwei Spiegel mit Landschaftsdarstellungen
Um 1800
Im April 1800 bat Schiller den Berliner Buchhändler Johann Friedrich Unger, ihm in Berlin »zu einem mäßigen Preis« zwei große Spiegel in goldenen Rahmen zu besorgen. Schon am 21. Mai teilte Charlotte ihrem Mann nach Ettersburg den Erhalt der Sendung mit: »Ich schicke hier H. Ungers Brief, weil ich neugierig war, wie teuer die Spiegel wären, habe ich ihn aufgemacht. Sie sind gar nicht teuer für ihre Größe, sie sind ohne Gold, aber die Rahmen und Landschaften sind freundlich. Sie nehmen die ganze Wand ein beinah, denn sie sind zwei Ellen und $1\frac{1}{2}$ viertel hoch.«

Es dürften demnach zwei sehr ähnliche Spiegel gewesen sein, die Schillers Räume in der Windischengasse 8 und in diesem Hause geschmückt haben.

Unter den Spiegeln zwei **Tischchen** mit aufklappbarer Tischplatte.

Darauf links:
Handwärmer (Kohlebecken)
Kupfer

Rechts:
Tischleuchter
Zinn, klassizistische Formen

Zwischen den Fenstern:
Standuhr
Pendelkonstruktion mit Schlagwerk, zeigt Stunden, Minuten, Sekunden und Monatstage an, um 1800

An der Eingangswand:
Die vier Elemente: Das Feuer
Radierung von unbekannt

An der Ausgangswand:

Die vier Elemente: Das Wasser
Radierung von unbekannt

Eine angemessene Beleuchtung für das Gesellschaftszimmer ist der **Lüster** aus Kristall und Messing, ein sogenannter »Bienenkorb«.

Charlottes Zimmer

»Ich habe seinen Geist, seine volle rege Tätigkeit unterhalten, indem ich nur für ihn lebte ...« (Juni 1805). Charlotte von Schiller stellte ihre eigene Persönlichkeit hintan »und suchte lieber ihm das wirkliche Leben nicht drückend zu machen durch Störung seiner Wirksamkeit«. Sie war sich der Größe des Schillerschen Geistes und Wirkens bewußt und setzte ihre ganze Kraft für ihn ein, darin ein außerordentliches Lebensziel begreifend. Schiller wußte ihre wohltuende Anwesenheit in seinem Leben zu schätzen: »... ihr liebes Leben und Weben um mich herum, die kindliche Reinheit ihrer Seele und die Innigkeit ihrer Liebe gibt mir selbst eine Ruhe und Harmonie, die bei meinem hypochondrischen Übel ohne diese Umstände fast unmöglich wäre.« (An Körner, 24. Oktober 1791.)

Charlotte von Lengefeld war 23 Jahre alt, als sie am 22. Februar 1790 Schiller heiratete. Aufgewachsen war sie in enger Bindung zum Hof von Schwarzburg-Rudolstadt. Ihr Vater, der dortige Oberforstmeister Karl Christoph von Lengefeld, ließ seinen Töchtern eine gute Bildung zukommen. Er starb 1776. Ihre Mutter, Luise von Lengefeld, bereitete gemeinsam mit Charlotte von Stein »Lottchens« Zukunft als Hofdame in Weimar vor. Ihre Bildung vervollkommnete sich 1783 während eines Aufenthaltes in der Schweiz durch Unterricht in Französisch, Englisch, Zeichnen und Musik. Aus der Zeit vor Charlottes Ehe sind Gedichte, Zeichnungen und Stiche sowie Tagebuchblätter erhalten. Ihre vielseitigen geistigen und künstlerischen Interessen machten sie zu einer außergewöhnlichen Frauengestalt ihrer Zeit. Zu Beginn der Ehe bemerkte Schiller: »Es ist ein Glück, daß sie Liebhabereien hat, mit denen sie sich beschäftigt, wenn ich zu tun habe.« (1791)

Zu aktiver künstlerischer Tätigkeit fehlte ihr bald mehr und mehr die Zeit, aber sie nahm Anteil an Schillers Schaffen, verfolgte die Neuigkeiten in Literatur, Kunst, Philosophie, Geschichte und Naturwissenschaften durch rege Lektüre und führte eine umfangreiche Korrespondenz mit ihrem großen Freundeskreis. Auch während ihrer Ehe entstanden dennoch einige dramatische und erzählerische Werke (z.T. von Schiller redigiert und veröffentlicht) sowie verschiedene Übersetzungen.

Wie ihr Tagesablauf in einer Familie mit vier Kindern aussah, veranschaulicht eine Briefpassage an Fritz von Stein (Oktober 1804): »Mein Lebenslauf heut soll Ihnen beweisen, wie ich die Zeit stehlen muß: um 10 Uhr gehe ich zur lieben Mutter, wo seit Jahren montags eine Frühstücksgesellschaft existiert ... Diesen Mittag soll ich bei meiner Schwester sein; der Fürst von Rudolstadt ist hier, und zu dem allen kommt mein Arrangement fürs Haus, die Küche usw., die Kinder zu unterhalten, was nicht leicht ist.« Zu den gesellschaftlichen Verpflichtungen, der Sorge um Haushalt und Kinder kamen allzu häufig Stunden an Schillers Krankenbett, eigene Krankheit und die der Kinder. »Heere von Krankheiten« meldete sie am Jahresende 1801 an Christophine Reinwald. Sie bewältigte das alles mit großer Toleranz, die sie sich selbst als Lebensmaxime bescheinigte, und offensichtlicher Sanftmut und Ausgeglichenheit.

Schillers Tod hat Charlotte die Lebensfreude genommen: »Wie öde mir das Leben vorkömmt, kann ich nur fühlen, diesen treuen Anteil an meinem Wesen, wie die höhere geistige Existenz, deren ich durch seinen Umgang teilhaftig wurde, kann mir nichts, nichts mehr auf der Erde ersetzen und sollte es auch nicht ... Mein Trost, meine Kinder seiner würdig zu bilden, ist noch der einzige, den ich haben kann auf dieser Welt, sie allein halten mich noch am Leben.« (12. Juni 1805 an Louise Franckh.) Aber sie war entschlossen: »... ich muß Fassung für das Leben mir suchen.« Außer durch die Erziehung der Kinder gewann sie diese Fassung allmählich durch Wiederaufnahme ihrer früheren Beschäftigungen. 1809 begann sie wieder zu zeichnen. Schon 1805 faßte sie ihre »Klage« in ein Gedicht. Sie schrieb Erinnerungen über Schiller für ihre Kinder: »Meine Liebe zu ihm soll euch sein Bild entwerfen ...« (4. August 1805).

Charlotte sammelte Manuskripte und Briefe planmäßig, so daß ein umfangreicher Nachlaß von Gedichten, Übersetzungen, dramatischen und erzählerischen Werken, autobiographischen Aufzeichnungen und Erinnerungen, Briefen, Literaturexzerpten und einigen Zeichnungen überliefert ist.

Sie versuchte, sich vielseitig zu bilden durch den Besuch von Vorträgen (z.B. über Physik bei Goethe), und tauschte sich darüber in ihren Korrespondenzen aus. Im Alter wurde sie durch ein Augenleiden zunehmend an all dem gehindert.

Ein schmerzlicher Einschnitt war für sie die Abreise beider Söhne im April 1812. Später waren alle Kinder nicht mehr regelmäßig im Haus. Sie trug sich mit dem Gedanken, Weimar zu verlassen, denn hier kam sie sich »wie ein abgeschiedener Geist vor«. »Ich gehe am Ende in die wüschten Bergles zu meinem Karl, um Frieden zu suchen.« (10. März 1813). Doch die Bindung an das Haus, in dem sie mit Schiller gelebt hatte, hielt sie zurück: »Alle Nationen sind zu mir gekommen, um das Haus zu sehen; aus dem innern Rußland kamen Offiziere und wollten Bücher haben, die er geliebt und gebraucht hätte. Ich konnte sie nicht sprechen, weil sie nur Latein sprachen, aber es hat mich innig gerührt. Preußen, Liefländer, Oesterreicher kamen zu mir und weinten mit mir ...« (18. November 1813.) Bis zum Tod der Mutter in Rudolstadt 1823 hielt auch diese Bindung sie zurück. Doch nach einer Reise zu Ernst in Köln 1821 sprach sie ständig von der Sehnsucht nach den Söhnen. 1824 brach sie erneut auf für mehrere Monate, zu Karl und Ernst. Die Reise endete nach zwei Jahren mit einer Augenoperation, an deren Folgen sie am 9. Juli 1826 starb. Sie wurde in Bonn beigesetzt.

Die erste Einrichtung ihres Zimmers in diesem Haus entwarf Schiller mit einer kleinen Skizze auf der Rückseite eines Briefes von Verlagsbuchhändler J. K. Hinrichs vom 12. April 1802. Sie war ein Anhaltspunkt für die Rekonstruktion des Raumes, der allerdings sein Aussehen im Laufe der Lebenszeit Charlottes gewandelt haben kann. Die Bilder und Erinnerungsstücke hat Charlotte zum größten Teil nicht mehr gesehen, aber sie zeigen Menschen und Orte, die ihr nahe waren und zu ihrem Leben gehörten.

An der hinteren Fensterwand:

Charlotte Luise Antoinette von Lengefeld (1766–1826)
Zeichnung von E. Tröster, bez.: »Frl. Lottchen von Lengefeld. 1788
Kopie von Gerlinde Böhnisch-Metzmacher, 1988

Die Zeichnung zeigt Schillers spätere Gattin im Jahr des Rudolstädter Sommers, in dem ihre Beziehung zu dem Dichter begann.

Darunter:

Luise von Lengefeld, geb. von Wurmb (1743–1823)
Kreidezeichnung von unbekannt, Faksimile, 1990
Original: Schiller-Nationalmuseum Marbach a. N.

Luise Juliane Eleonore Friederike von Wurmb heiratete 1761 den 28 Jahre älteren Oberforstmeister Karl Christoph von Lengefeld in Rudolstadt. Nach dessen Tod 1776 widmete sie sich der Erziehung ihrer Töchter Caroline und Charlotte. 1789 nahm sie die Stelle einer Oberhofmeisterin und Erzieherin der Töchter des Erbprinzen von Schwarzburg-Rudolstadt auf Schloß Heidecksburg an.

Schillers Bewerbung um die Hand ihrer Tochter nahm die »chère mère«, wie sie in den Briefen der Töchter genannt wird, mit Wohlwollen, aber zunächst auch mit Sorge um die Zukunft ihrer Jüngsten auf. Schiller konnte sie jedoch überzeugen, daß er Charlotte zwar kein »glänzendes äußres Glück«, aber doch »ein angenehmes Leben« bieten könne, und versprach ihr vor allem, »Lottchen nicht zu weit weg zu führen«. Frau von Lengefeld unterstützte den jungen Haushalt finanziell, soweit sie das konnte, steuerte auch einiges Mobiliar bei und erfreute späterhin Tochter, Schwiegersohn und Enkel des öfteren mit hübschen Geschenken. Sie hielt ihr Versprechen, Schiller ihre »mütterliche Liebe als dem erwählten Mann von einer zärtlich geliebten Tochter« zu widmen. Schillers liebe- und respektvolle Verehrung der Schwiegermutter vertiefte sich noch nach der gemeinsamen wochenlangen Pflege der schwerkranken Charlotte im Jahre 1799: »Ich werde es mein Lebtag nie vergessen, wie viel Sie uns allen und mir besonders gewesen sind, und wie man einander eigentlich nur im Unglück recht kennen lernt, so hat diese schreckliche Zeit auch für mich das Gute gehabt, daß ich es in seinem ganzen Umfang fühlen lernte, was wir an unserer Chère Mère besitzen.« (8. Dezember 1799.)

Charlotte selbst hatte eine sehr innige Bindūng zu ihrer Mutter und das Glück, daß ihr die Mutter bis 1823, drei Jahre vor ihrem eigenen Tod, erhalten blieb.

Zwischen den Fenstern:

Friedrich Schiller
Öl auf Leinwand nach Gerhard von Kügelgen (1772–1820), 1817

Das Porträt gehört zu den bedeutenden postumen künstlerischen Darstellungen Schillers. Gerhard von Kügelgen kam 1808 nach Weimar, porträtierte Goethe und Wieland und erhielt den Auftrag, auch die verstorbenen Herder und Schiller zu malen.

Kügelgen kannte Schiller von Ansehen lediglich flüchtig, er hatte ihn nur einmal während der Durchreise an den Rhein gesehen. Sein Sohn Wilhelm von Kügelgen schreibt, der Vater habe »die Bilder Schillers und Herders … nur nach den Totenmasken, nach schon vorhandenen Bildern und nach der Beschreibung nächststehender Freunde gemalt«, sie »galten jedoch gleichfalls für sehr gelungen«. Es wird auch vermutet, daß er die Büste Danneckers als Vorlage genutzt hat.

Von diesem Porträt existieren Repliken von Kügelgen selbst und mehrere Kopien von seinen Schülern.

Zwischen den Fenstern:

Zylinderbüro
Kirschbaum, furniert, um 1800

Charlotte von Schillers Schreibtisch blieb erhalten, gelangte aber von ihrer Tochter Emilie nicht nach Weimar zurück, sondern in das Schiller-Nationalmuseum Marbach. Das hier aufgestellte Zylinderbüro gleicht dem Original bis auf wenige Details und vermittelt so einen Eindruck von dem Platz, an dem Charlotte von Schiller ihr Tagebuch und ihre umfangreiche Korrespondenz führte, an dem sie ihre Erinnerungen an Schiller und berühmte Zeitgenossen sowie einen Teil ihrer Dichtungen schrieb, zum Beispiel 1815 die »Klage um Schiller«.

Auf dem Schreibtisch stehen eine **Tischuhr** mit Alabastersäulen und zwei **Tischleuchter** aus Glas und Messing (um 1800), davor ein klassizistischer **Stuhl** aus Birnbaumholz.

Links von der Eingangstür:

Glasschrank
Frühes Biedermeier, Kirschbaum, furniert

Kleine Kunstwerke aus Schillers Besitz und andere Gegenstände, die er benutzte, wurden von Charlotte von Schiller, von Angehörigen und Freunden sorgfältig aufbewahrt. Verehrer des Dichters stifteten im vergangenen Jahrhundert Erinnerungsstücke in vielfältigster Form und Gestalt. Noch vor wenigen Jahren entdeckten Restauratoren in diesem Haus Dinge wieder, deren Verschwinden Schillers Familie Rätsel aufgegeben haben dürfte. Wertvolle Andenken so verschiedener Art sind in dem Glasschrank ausgestellt, der im Wohnzimmer Charlottes einen sinnvollen Platz gefunden hat.

Im oberen Fach:

Tasse und Untertasse
Weißes Porzellan mit Goldverzierung, tulpenförmig

Schillers Teetasse, aus dem Nachlaß seiner Schwägerin Caroline von Wolzogen.

Tasse und Untertasse
Porzellan, durchgehend vergoldet

Schillers Besitz, überliefert durch Schillers Tochter Caroline.

Kelchglas
mit Deckel, geschliffen
Aus diesem Pokal soll Schiller bei Caroline von Wolzogen getrunken haben.

Tasse und Untertasse
mit rot-violettem Blumendekor, Porzellanmanufaktur Meißen, Marcolini

Der Überlieferung zufolge handelt es sich um Schillers Mundtasse, die früher auf seinem Nachttisch neben dem Bett stand.

Frühstücksbecher
aus Silber mit eingravierter Initiale »S«

Im September 1785 kam Schiller auf Einladung des Ehepaares Christian Gottfried und Anna Maria (Minna) Körner und deren Schwester Johanna Dorothea (Dora) Stock nach Dresden. Beim Frühstück am Tag nach der Ankunft stieß Schiller beim Zutrunk so enthusiastisch mit seinem Rotweinglas an, daß er Minnas Glas zerbrach. Wein und Gläser opferte er daraufhin den Göttern mit dem Ruf: »Keine Trennung! keiner allein! sei uns ein gemeinsamer Untergang beschieden.« Minna Körner kaufte noch am gleichen Tag vier kleine silberne Becher und ließ die Initialen S (Schiller), K (Körner), M (Minna), D (Dora) eingravieren. Schillers Becher blieb damals in Dresden, er wollte ihn bei jeder Wiederkehr benutzen. Erst 1868 gelangte der Becher durch Körners Freund, den Hofrat Dr. Förster, nach Weimar.

Fidibusbehälter
Porzellan, weiß, mit Goldverzierung und Landschaftsmalerei

Der Behälter stammt aus dem Besitz der Familie von Lengefeld. Er enthält drei Fidibusse mit Handschriften Schillers zum »Wilhelm Tell« (Kopien).

Ring
Gold, achteckiger Amethyst mit eingeschnittenem Porträt Goethes

Der Ring stammt aus Schillers Besitz und wurde in der Familie aufbewahrt. Schillers Sohn Ernst machte ihn nach dem Tod der Mutter Goethes Sekretär Kräuter zum Geschenk. »Empfangen Sie, lieber Herr Bibliothekssekretär ..., beikommenden Ring mit dem Bilde unseres großen Goethe«, heißt es in Ernsts Begleitschreiben vom 13. Oktober 1826.

Aus dem Nachlaß Kräuters wurde der Ring wie auch eine Locke Schillers später dem Schillerhaus übergeben.

Siegelring
Gold, mit Schillers Bildnis in Karneol geschnitten

Der Ring kam aus dem Besitz Christian Gottfried Körners an Hofrat Dr. Förster nach Berlin und gelangte 1868 durch dessen testamentarische Verfügung nach Weimar.

1859 wurde zum erstenmal eine mündliche Mitteilung Anna Maria (Minna) Körners an Dr. Förster zur Geschichte des Ringes publiziert: »Nach dem Eintreffen eines Abgusses der Danneckerschen Büste Schillers bei seinem Freunde Körner in Dresden faßten einige Freundinnen den Entschluß, Schiller einen Siegelring mit seinem Bildnisse in Karneol geschnitten zu verehren. Sie legten kleine Schmucksachen zusammen und ließen den gelungenen Siegelstein in einen massiven Goldreifen fassen. Dieser wurde dem Dichter, als er im August 1801 nach Dresden zu Besuch kam und das Gartenhaus in Loschwitz wieder bezogen hatte, von Frau Körner überreicht. Mit freudigem Danke nahm Schiller das Geschenk zwar an, bei dem Abschiede von der Körnerschen Familie, die ihn bis Leipzig begleitet hatte, bat er Körner jedoch: er möge diesen Ring als ein Andenken bewahren, da er [Schiller] unmöglich mit seinem, mit dem Lorbeerkranze geschmückten, Kopfe siegeln könne.«

Ring
Gold mit ziseliertem Rand

Einer alten Urkunde zufolge schenkte Schiller diesen Ring in Mannheim der Schauspielerin Katharina Baumann, später verheiratete Ritter, der Darstellerin der Luise Millerin. Der Ring vererbte sich in der Familie Ritter, wurde 1882 mit einem Begleitschreiben weiterverschenkt und kam 1932 in das Schillerhaus.

Vier handgemalte Knöpfe
in Messingfassung mit mythologischen Darstellungen
Aquarell- und Bleistiftzeichnungen von Johanna Dorothea (Dora) Stock (1760–1832)

Die Knöpfe sind ein Geschenk Dora Stocks an Schiller. Sie waren bestimmt für einen Rock aus apfelgrüner Wolle, den ihre Schwester Minna Körner für Schiller in Dresden gestrickt hatte.

Zwei Schuhschnallen
Metall, lederbezogen

Aus Schillers Besitz, überliefert durch die Familie Christian Gottfried Körners in Dresden.

Schreibschrank im Dienerzimmer

Küche
Wohn- und Eßzimmer

Gesellschaftszimmer in der 1. Etage

Charlotte Schiller Öl auf Leinwand von Otto Rasch, 1914, nach Ludovike Simanowiz, 1794

Charlottes Zimmer

Schillers Teetasse

nächste Seiten: Kaffeekanne aus Schillers Besitz

Glasschrank mit Erinnerungsstücken aus dem Besitz Schillers und der Familie

Friedrich Schiller
Büste von Johann Heinrich Dannecker, 1794
Spiegel in Charlottes Schlafzimmer

Empfangszimmer in der 2. Etage

Blumenstück. Rose und blaue Winden Wasserfarbenzeichnung von Christophine Reinwald

nächste Seiten: Gesellschaftszimmer

Schillers Arbeitszimmer

Schillers Schreibtisch

An der Rückwand:
Zwei Haarlocken Friedrich Schillers
mit zugehörigem Text

Links:
»Daß diese kleine Locke Schillers
in Tod, von Herrn Profeßor Jagemann
abgeschnitten wurde, um
mir diese Heilige Reliquie zu
geben, bezeuge ich mit meinem
Namen. Marie Körner, Mutter
Theodors. Berlin im Januar 40.«

Rechts:
»Schillerlocke
aus dem Nachlasse
von Goethes Sekretär Kräuter
Geschenk von Fräulein Anna Saeltzer;
Weimar,
Zum 175. Geburtstage Schillers.«

Im mittleren Fach:
Hintere Reihe:
Tasse und Untertasse
Mit einem Schillerbildnis, dessen Vorlage in älteren Quellen Carl August Schwerdgeburth zugeschrieben wird

Tasse und Untertasse
Mit einer Ansicht von Volkstädt bei Rudolstadt, Schillers Sommeraufenthalt 1788
Porzellanmanufaktur Volkstädt Rudolstadt

Tasse mit Untertasse
Mit einer Ansicht von Jena

Vordere Reihe:
Tasse und Untertasse
Mit einer Ansicht von Schillers Wohnhaus in Weimar
Porzellanmanufaktur Fürstenberg

Tasse und Untertasse
Mit dem Bildnis Luise von Lengefelds, der Schwiegermutter Schillers

Tasse und Untertasse
Mit einem Schillerbildnis nach dem Porträt von Ludovike Simanowiz, 1793
Königliche Porzellanmanufaktur Berlin, nach 1870

Im unteren Fach:

Kästchen

Lederbezogen, mit Goldprägung
Auf dem Deckel:
»Wilhelm Meisters Lehrjahre:
das Schiller eigenhändig von
Goethe überreichte Exemplar
1796«
Auf der Vorderseite:
»Der Frau Großherzogin
von Sachsen-Weimar und
Eisenach ehrerbietigst
gewidmet von Ludwig und
Karl Alexander von
Gleichen-Rußwurm
am 28. Juni 1896«

Kästchen und Bücher waren das Festgeschenk der Freiherren von Gleichen-Rußwurm, Schillers Enkel und Urenkel, zur Einweihung des Goethe- und Schiller-Archivs. Der erste der heute wieder in Schillers Bibliothek eingeordneten Bände trägt die Schriftzüge von Schillers Tochter Emilie: »Dieses Exemplar bekam Schiller von Goethe zum Geschenk. Es war immer in Lottens Händen nach Schillers Tod. Mir hat es Bruder Karl geschenkt. 1856. Emilie von Gleichen geb. von Schiller.«

Schmuckkästchen

Holz; der figürliche Schmuck wurde in Leder gepreßt und zeigt auf acht Feldern Szenen aus dem »Don Carlos«

Das Kästchen befindet sich seit Jahrzehnten im Schillerhaus, einen Hinweis auf Familienbesitz gibt es allerdings nicht.

Sechs kleine Schillerbüsten

aus Porzellan, Glas, Eisen, Zinn, Bronze; Künstler und Fabrikation unbekannt

Spielkarten

Achtundzwanzig Spielkarten wurden 1987 bei der Rekonstruktion des Hauses unter dem Wandregal in Schillers Arbeitszimmer gefunden. Auf jeder Karte sind auf Vorder- und Rückseite mit Rotstift Namen aufgetragen worden, nach Schriftvergleichen mit größter Wahrscheinlichkeit durch Schillers Sohn Ernst. Aufgeführt sind ausschließlich Damen der Weimarer Gesellschaft, die um 1814/15 hier lebten. Den Verwendungszweck dieser Karten kann man nur vermuten: wahrscheinlich wurden sie bei Geselligkeiten oder Gesellschaftsspielen benutzt.

Um 1817/18 dürfte der Entwurf einer Visitenkarte Ernst von Schillers für eine ihm zu dieser Zeit versprochene Anstellung entstanden sein.

An gleicher Stelle fanden sich außerdem einige von Kinderhand beschriebene, bemalte und ausgeschnittene Papierschnipsel, ein Zettel mit Charlottes Handschrift und andere Kleinigkeiten.

Ernst von Schiller bewohnte nach 1810 zeitweise das Arbeitszimmer des Vaters, sicher manchmal in Gesellschaft seiner jüngeren Schwestern Caroline und Emilie. In dieser Zeit könnten einige der Gegenstände unter das Regal gelangt sein, andere vielleicht auch schon vorher.

Auf dem Glasschrank:

Horaz
Büste aus Bisquitporzellan, Manufaktur Fürstenberg, um 1780/90

Polsterbank und sechs Stühle
Mahagoni, Biedermeier

Tisch
Mahagoni, um 1800

Nähtisch
Birnbaum, Biedermeier

Tisch und Stühle sowie das Nähtischchen stammen aus dem Besitz von Schillers Tochter Caroline, verheiratete Bergrätin Junot in Rudolstadt. Nach ihrem Tod im Jahre 1850 wurden die Möbel mehrfach weitervererbt und 1918 mit einem Beglaubigungsschreiben an das Schillerhaus Weimar verkauft. Die gepolsterte Sitzbank wurde der Gruppe zugefügt. Ebenfalls ergänzt wurde auf dem Nähtisch ein **Stickrahmen** aus der Zeit des Biedermeiers mit einer aufgespannten Arbeit. Daß Charlotte von Schiller sich mit Handarbeiten beschäftigte, ist aus ihren Briefen bekannt, 1812 z.B. schrieb sie an die Prinzessin Caroline, sie »habe Tapisseriearbeit machen lernen«.

An der Wand:

Elle
zum Messen von Stoffen
Holz mit Intarsien, Mitte 19. Jh.

Unter dem Nähtischchen:

Fußteppich
Wollstickerei auf Stramin

Über dem Sofa:

Oben links:

Caroline Luise, Prinzessin von Sachsen-Weimar, verehelichte Erbgroßherzogin von Mecklenburg-Schwerin (1786–1816)
Kupferstich von Carl August Schwerdgeburth (1785–1878) nach Ferdinand Jagemann (1780–1820)

Die Weimarer Prinzessin Caroline Luise hatte zu Schillers Familie eine enge und herzliche Beziehung. 1804 bat Schiller sie, Patin seiner jüngsten Tochter Emilie zu werden, damit »Ihr Name sich an meine schönste Freude anknüpfe«.

Seit ihrer Heirat im Jahre 1810 lebte Caroline Luise in Ludwigslust. Die große räumliche Entfernung wurde durch einen intensiven und vertrauten Briefwechsel zwischen ihr und Charlotte von Schiller überbrückt, der bis zu Caroline Luises frühem Tod im Jahre 1816 andauerte.

Ein Bild der Prinzessin hat wohl in diesem Zimmer die Wand geschmückt, denn am 9. Oktober 1810 schrieb ihr Charlotte nach der Rückkehr von einer Reise nach Schwaben: »Ihre Art zu leben ist mir recht lebendig geworden durch den schönen Brief, der mich hier begrüßte unter Ihrem lieben Bild.«

Oben Mitte:

Rudolstadt mit Schloß Heidecksburg
Öl auf Leinwand von unbekannt, um 1800
Kopie von Gerlinde Böhnisch-Metzmacher, 1988

In Rudolstadt wurde Charlotte von Lengefeld am 22. November 1766 geboren, und zeitlebens blieb sie diesem Ort auf das engste verbunden.

Im Lengefeldschen Haus, das mit seinem Gartenpavillon heute noch erhalten ist, sah sie im Winter 1787 Schiller zum ersten Mal und lernte ihn dann während seines Sommeraufenthaltes in Rudolstadt und Volkstädt 1788 näher kennen.

Schiller weilte in der Zeit seiner Ehe mehrfach in Rudolstadt, in den Ferien, aber auch zur Erholung nach schwerer Krankheit. 1799 besuchte er zum letzten Mal mit der Familie seine Schwiegermutter Luise von Lengefeld.

Charlotte flüchtete sich als verwitwete Frau gern zu längeren Aufenthalten zu ihrer Mutter auf die Heidecksburg. Später schickte sie auch ihre Töchter Caroline und Emilie zur Pflege und Gesellschaft der Großmutter, so daß bis zu deren Tod 1823 eine enge Bindung bestand.

Charlottes Empfindungen für Rudolstadt drückt ihr Brief an die Prinzessin Caroline Luise von Mecklenburg-Schwerin vom 25. September 1814 aus: »... so habe ich mich in die wüschten Bergles an der Saale geflüchtet …, begrüße den Vaterlandshimmel und die Vaterlandserde … Auch Schillers Andenken lebt immer so schön in mir in den Gegenden, wo wir uns eigentlich kennen lernten. Sein Geist ist mir nahe. Ich meine oft seine Worte zu hören, wenn ich die Plätze wiedersehe … Alsdann die Sorgen um Schillers Gesundheit, hier wurde er so krank. – Ach die lebhaften Bilder der Vergangenheit, die wir uns aufzubewahren fähig sind, sind süß und schmerzlich zugleich …«

Oben rechts:

Maria Pawlowna, Großherzogin von Sachsen-Weimar (1786–1859)
Kupferstich von Carl August Schwerdgeburth nach Johann Friedrich August Tischbein (1750–1812)

Die Tochter des regierenden Zaren Pauls I. und der Kaiserin Maria Feodorowna wurde am 3. September 1804 in Petersburg mit dem Erbprinzen Carl Friedrich von Sachsen-Weimar vermählt. Zur Feier ihres Einzuges in Weimar schrieb Schiller das Festspiel »Die Huldigung der Künste«.

Nach Schillers Tod sicherte Maria Pawlowna Charlotte zur Erziehung der Söhne jährlich je 200 Taler, mit Beginn der Universitätsstudien je 400 Taler zu und bemühte sich später auch um die Vermittlung einer Anstellung. In einem Schreiben an ihre Schwägerin Christophine Reinwald vom Juni 1810 rühmte Charlotte von Schiller die »Liebe und Fürsorge unserer geliebten Großfürstin«, die »wie eine Mutter … für Karl Sorgen getragen« habe.

Untere Reihe, von links nach rechts:

Im Prinzessinnengarten zu Jena; Am Fürstengraben zu Jena
Radierungen von Christian Carl Ludwig Heß (1776–1853), um 1830; um 1810

Bey Jena
Radierung von Georg Melchior Kraus (1737–1806), 1778

Der Gartenpavillon der Lengefelds in Rudolstadt
Aquarell von unbekannt, Ende 18. Jh.

Die Lobdeburg bei Jena
Aquarell von A. Danz

Ansicht beim Gasthof zu Burgau; In der Triesnitz
Radierungen von Ch. C. L. Heß, um 1830/40; um 1810
Die Radierungen von Heß gehören zur Serie »Landpartie um Jena«.

Die kleinen Ansichten von Jena erinnern an Orte, die Schiller während seiner zehnjährigen Lebens- und Schaffenszeit in dieser Stadt sicher gesehen hat: »Wir gehen jetzt alle Tage ins Freie und lernen immer neue schöne Plätze kennen«, schrieb er im Mai des Jahres 1790, seines ersten Ehejahres, an die Schwägerin Caroline von Beulwitz.

Rechts hinter der Eingangstür:

Carl Ludwig von Knebel (1744–1834)
Pastell von Fritz Ries (tätig zwischen 1826–1857), 1833

Carl Ludwig von Knebel – Goethes »Urfreund« – kam 1774 als Erzieher des Prinzen Constantin nach Weimar. Schiller lernte ihn 1787 kennen und beschrieb seinen Eindruck so: »Aus diesem Knebel wird hier erstaunlich viel gemacht, und unstreitig ist er auch ein Mann von Sinn und Charakter. Er hat viel Kenntnisse und einen planen hellen Verstand. [–] Es wurde mir als eine notwendige Rücksicht anempfohlen, die Bekanntschaft dieses Menschen zu machen, teils weil er hier für einen der gescheitesten Köpfe gilt, und zwar mit Recht, teils weil er nach Goethe den meisten Einfluß auf den Herzog hat.«

Der beliebte und gewandte Gesellschafter Knebel bemühte sich noch 1789 um Charlotte von Lengefeld, nicht ahnend, wie nahe ihr bereits Schiller stand. Nach deren Eheschließung blieb die Verbindung locker bestehen. In den zwei Jahrzehnten nach 1805 führte Knebel, der mit Frau und Stiefsohn in Jena lebte, wieder eine lebhafte Korrespondenz mit Charlotte über seine literarische Tätigkeit und die zeitgenössische Literatur, über »Weltangelegenheiten« und das Neueste aus der Weimarer und Jenaer Gesellschaft.

Als junges Mädchen hatte Charlotte Knebels Briefe und seine Person oft als »gar zu närrisch« empfunden, in den späteren Lebensjahren war er ein geistreicher, einfühlsamer und beständiger Freund der Familie.

Kachelofen
2. Hälfte 19. Jh.

Ofenschirm
Mahagoni, mit Stoffbespannung, um 1800

Ähnlich dem Ofenschirm aus Schillers Besitz in der zweiten Etage.

Schrankkommode und Spiegel
Nußbaum, Biedermeier

Zwei Wandvasen
in Form von Füllhörnern, Porzellan, mit Landschaftsdekor, Rokoko

Rechts von der Ausgangstür:

Kommode
Obstbaumholz, Klassizismus

Darauf:

Kommödchen
Fichte, mit Einlegearbeiten, Neobarock

Über der Kommode:

Johann Christian Stark (1753–1811)
Öl auf Leinwand von unbekannt, Anfang 19. Jh.
Datiert auf der Leinwand: 24. Dezember 1834

Johann Christian Stark war Professor der Medizin und Sachsen-Weimarischer Hofrat und Leibarzt in Jena. Er war dort der Hausarzt der Familie Schiller, behandelte 1791 die lebensgefährliche Erkrankung des Dichters, war bei den Geburten von Schillers Kindern Ernst, Caroline und Emilie zugegen und betreute Charlotte von Schiller während ihres schweren Nervenfiebers nach der Geburt der Tochter Caroline 1799. Auch als die Schillersche Familie in Weimar wohnte, wurde Stark bei Krankheitsfällen noch zu Rate gezogen.

Darunter:

Schillers Gartenhäuschen in Jena (Gartenzinne)
Kreidezeichnung von B. von Knebel

1797 kaufte sich Schiller in Jena ein Sommerhaus mit Gartengrundstück. Der Garten bot einen angenehmen Sommeraufenthalt für die ganze Familie, und Schiller versprach sich davon einen wohltuenden Einfluß auf seine Gesundheit. Über dem Ufer des Leutrabaches ließ sich Schiller 1797 noch ein kleines Häuschen, seine »Gartenzinne«, bauen. Im winzigen Zimmer dieses Häuschens schrieb er viele seiner Balladen, das »Lied von der Glocke« und Teile des »Wallenstein«. Goethe erinnert daran in seinem »Epilog zu Schillers Glocke«:

Nun schmückt er sich die schöne Gartenzinne,
Von wannen er der Sterne Wort vernahm,
Das dem gleich ew'gen, gleich lebend'gen Sinne
Geheimnisvoll und klar entgegen kam.
Dort, sich und uns zu köstlichem Gewinne,
Verwechselt er die Zeiten wundersam …

Auch nach der Übersiedlung nach Weimar kehrte Schiller noch gelegentlich in den Jenaer Garten zurück. Erst im Zusammenhang mit dem Kauf des Hauses in Weimar veräußerte er das Grundstück.

Deckenleuchte
Bronzierte Holzschale mit Aufsatz, sechs Arme, Messing, um 1800

Im Sommer 1804 ließ Schiller das kleine Schlafkabinett noch einmal neu herrichten und schrieb an Charlotte, die in wenigen Tagen mit der in Jena geborenen Emilie nach Hause kommen sollte: »Die kleinen Anordnungen, die ich noch im Haus zu machen habe, eh Du kommst, beschäftigen mich auf eine angenehme Weise, das Cabinetchen ist schon gedielt ... Die Kinderstube ist jetzt recht comfortable, und auch das Schlafzimmer daran ... Ein recht schönes Nachttischgen von Mahagoni steht schon für Dich bereit ...« (21. August 1804).

Der mutmaßliche Zustand um 1805 wurde bei der Rekonstruktion des Zimmers zugrunde gelegt. Den Eindruck des Originalzustandes vermitteln vor allem die wie textile Drapierung wirkende Tapete, die tatsächlich zu Charlottes Zeit diese Wände schmückte, und zwei tapezierte **Eckschränke**, über die Emilie von Gleichen-Rußwurm geb. von Schiller am 4. November 1866 schrieb: »Die beiden Eckschränke in dem Cabinet der Mutter waren ... zuletzt mit einer lila karierten Tapete überzogen, der dritte Eckschrank, so wie ich mich dessen entsinnen kann, blau und weiß überzogen.«

Vom ursprünglichen Mobiliar ist außer dem von Schiller erwähnten Nachttischchen auch ein Toilettentisch mit Spiegeln bekannt, den Charlotte bereits 1798 als Geschenk Cottas erhalten hatte. Beide Möbel sind nicht überliefert.

Das **Bett** aus massivem Fichtenholz ist ein früher Nachbau der originalen Bettstatt Schillers, die während seiner letzten Krankheit im Arbeitszimmer aufgestellt wurde. Über Charlottes eigentliches Bett ist nichts bekannt.

Über dem Bett:

Friedrich Schiller

Kupferstich von Johann Gotthard Müller (1747–1830), 1794

1795 erhielt Schiller von Dora Stock ein von ihr ausgeführtes Pastell – die ersehnte Kopie seines Porträts von Anton Graff. »Charlotte zog dieses Bild allen anderen vor und hatte es in ihrem Schlafcabinetchen über dem Bett«, erinnerte sich die Tochter Emilie 1859. Nach dem Tod Charlottes wurde das Bild im Familienbesitz aufbewahrt, bis es 1937 das Schiller-Nationalmuseum Marbach von der Familie von Gleichen-Rußwurm erhielt.

Der hierzu analog gezeigte Kupferstich ist ebenfalls eine Arbeit nach dem Gemälde von Graff. Unmittelbar nach der Fertigstellung des Originals 1791 beauftragte der Kunsthändler Frauenholz den Stuttgarter Kupferstecher Johann Gotthard Müller mit der Anfertigung. Dieser lernte während seiner Arbeit an dem Porträt im März 1794 Schiller persönlich kennen. Den Kupferstich erhielt Schiller im Mai 1794.

»Für gütige Übersendung der 6 Abdrücke meines Portraits sage ich Ihnen den verbindlichsten Dank. Die Arbeit ist vortrefflich ausgefallen, der Stich voll Kraft und doch dabei voll Anmut und Flüssigkeit. Auch finden es alle, die es bei mir sahen, ähnlich, und mehr, als sich unter diesen Umständen erwarten ließ, getreu. Nun wünsche ich von ganzem Herzen, daß die Aufnahme dieses so gut gelungenen Produkts Ihren gerechten Erwartungen entsprechen möge«, schrieb Schiller am 26. Mai 1794 an Frauenholz.

Einen Abdruck erhielt sein Freund Körner in Dresden, der ihm im Juni 1794 dafür dankte: »Durch den Kupferstich hast Du mir viel Freude gemacht. Der Abdruck scheint besonders gut zu sein, Müller hat recht brav gearbeitet. Graff ist sehr zufrieden und sagt, daß manches besser wäre als im Gemälde.«

Links von der Eingangstür:

Caroline von Wolzogen (1763–1847), geb. von Lengefeld, gesch. von Beulwitz
Gouache von Friedrich Remde (1801–1878), 1847
Kopie von Gerlinde Böhnisch-Metzmacher, 1988

Die geistreiche Caroline hatte zu ihrer Schwester Charlotte und zu Schiller eine sehr innige Beziehung. Gewisse Spannungen verursachte hin und wieder ihre unruhige und für damalige Begriffe etwas exzentrische Natur. Nach ihrer Heirat mit Wilhelm von Wolzogen hieß sie im Familienkreis »die Frau«. Sie betätigte sich schriftstellerisch und puplizierte 1782 anonym in Schillers »Thalia« und später in den »Horen«.

1830 veröffentlichte Caroline von Wolzogen ein Buch mit dem Titel »Schillers Leben«. Anhand von Briefen und persönlichen Erinnerungen bemühte sie sich darin, der Nachwelt eine wahrheitsgetreue Biographie des Dichters nachzuzeichnen.

Schillers Kinder liebten die Tante sehr. Emilie ging nach dem Tod der Mutter für einige Zeit »zur Tante Wolzogen, dahin treibt mich mein Herz«.

Rechts vom Fenster:

Klingelzug
mit Blumenstickerei, nach 1800

Am 20. August 1804 schrieb Charlotte aus Jena an Schiller: »Ich wollte dich noch bitten, es zu arrangieren, daß aus meiner Schlafstube eine Klingel geführt wird, es könnte der wenigern Umstände wegen von außen der Draht geführt werden nach der Schlafstube der Leute: die chère mère hat eine Angst, daß sie mich allein weiß, ohne jemanden errufen zu können.«

Links vom Fenster:

Spiegel
mit verziertem, bemaltem Rahmen, Rokoko

Der Spiegel trägt auf der Rückseite die Aufschrift: »gemalt … C. v. L.«; er wurde der Überlieferung zufolge von Charlotte von Lengefeld während ihrer Brautzeit selbst bemalt. Auf verschlungenen Wegen gelangte er von Jena über Wiesbaden nach Weimar, 1890 durch Stiftung der Großherzogin Sophie von Sachsen-Weimar-Eisenach in das Schillerhaus.

Rechts von der Eingangstür:

Luise Caroline Sophie Seidler (1786–1866)
Selbstbildnis, Öl auf Leinwand

Die Malerin und Schriftstellerin Luise Seidler war seit 1823 die Zeichenlehrerin der Weimarer Prinzessinnen. 1827 wurde sie zur Großherzoglich-Sächsischen Hofmalerin ernannt.

Über der Ausgangstür:

Der Morgen
Italienische Landschaft mit Madonna und Tieren, Stickerei von unbekannt, 1802

Wiege
Laubbaumholz, mit Blumenmotiven bemalt, um 1800

Eine Wiege dürfte nach der Geburt der jüngsten Tochter 1804 neben Charlottes Bett gestanden haben.

Kinderstuhl
Laubbaumholz, 19. Jh.

Wie die Wiege erinnert das Kinderstühlchen an die enge Zusammengehörigkeit der Schlafkammern von Mutter und Töchtern.

Unter dem Stühlchen:

Nachtgeschirr
Fayence, 19. Jh.

Ein **Biedermeierstuhl** und ein **Tischchen** mit runder Marmorplatte auf einem Holzgestell aus der Zeit um 1800 gehören ebenfalls zur nachempfundenen Ausstattung des intimen Gemaches.

Schlafzimmer der Töchter

In ihrem Brief vom 4. November 1866 erwähnte Emilie von Gleichen-Rußwurm auch das an das Schlafzimmer der Mutter stoßende »sehr lange schmale Cabinet, worin wir Töchter schliefen«.

Dies gilt wohl für die Kinder- und Jungmädchenzeit, als Emilie der nebenan stehenden Wiege entwachsen war; vermutlich diente der Raum zeitweise auch Charlotte als Ankleidezimmer.

Einrichtung und Bilder in diesem Kämmerchen versuchen, die Vorstellung von der kindlichen Welt um 1800 zu beleben. Das Zimmer selbst war jedoch kein Kinderzimmer in diesem Sinne, sondern nur Schlafraum, für zwei Mädchen knapp genug bemessen, dazu nach der kühlen Nordseite gelegen. Das oder die Zimmer der Söhne müssen sich im Gebäude der »Münze« befunden haben.

Der blau-weiß tapezierte **Eckschrank** und der geräumige **Einbauschrank** sind allein von der originalen Ausstattung erhalten geblieben und zeugen von sehr geschickter Nutzung des engen Raumes.

Zwischen den Fenstern:

Wandbord
Laubbaumholz, Nachbau

Unscheinbar und doch auf besondere Weise anziehend sind in diesem Wandbord ein aus Fäden gewickelter **Spielball,** Papierschnipsel mit **Kinderzeichnungen** – eine davon unverkennbar Goethe darstellend – und kleine bunte Reste von **Ausschneidearbeiten.**

Diese Spuren kindlicher Beschäftigungen gehören zu dem Fund unter den Wandregalen in Schillers Arbeitszimmer vom Jahre 1987. Sie können wie die anderen, besser datierbaren Fundstücke aus der Zeit zwischen 1810–1817 stammen und wären dann auf die jüngste Tochter Emilie zurückzuführen. Denkbar ist auch, daß sie schon viel früher den älteren Geschwistern abhanden gekommen sind. Einer defekten Sockelleiste zwischen Regal und Fußboden ist es wohl zu verdanken, daß sich diese Erinnerungen an Schillers Kinder im Verborgenen erhalten haben und nahezu 200 Jahre später lebendige Nähe spürbar machen.

Außer diesen Zeugnissen enthält das Wandbord allerlei Dinge, die ein Kinderherz um 1800 erfreuen konnten. Dazu gehören:
Puppenmöbel,
im **Vogelkäfig** ein **Gimpel** mit mechanischer Stimme,
vier **Murmeln** aus gebranntem Ton,

eine **Handlaterne**,
ein **Milchkännchen** aus Porzellan, um 1770.

Atlas für die Jugend und alle Liebhaber der Geographie
Augsburg 1776

Lateinisches Lesebuch für die ersten Anfänger
von D. F. Gedicke, 1800

Das **Rollbett**, zwei **Stühle** und eine kleine eichene **Truhe** aus der 1. Hälfte des 18. Jh. könnten zur Ausstattung des Zimmers gehört haben. Das **Schreibpult** mit Rollverschluß und ein **Nähtischchen** illustrieren allgemein die alltägliche Umwelt von Kindern dieser Zeit. Das gleiche gilt für die vier Schattenrisse an den Wänden.

Über der Eingangstür:
Mutter mit vier Kindern
(Caroline Herder mit ihren Söhnen?)
1782

Links und rechts vom Wandbord:
Mädchen am Spieltisch; Knabe am Spieltisch
18. Jh.
Nachschnitte von Inga Schulz, 1988

Über der Ausgangstür:
Vier Personen vor einer Säule mit Urnenaufsatz

Das Silhouettenschneiden war um 1800 eine beliebte Freizeitbeschäftigung. Charlotte von Schiller besaß eine Sammlung Silhouetten von Freunden und Bekannten.

Über der Truhe:
L'Ornament de l'Esprit et du Corps
Kupferstich von Louis Surugue (1686–1762) nach de Troy, 1747

Zwei der Schillerschen Kinder werden durch die Porträts über dem Bett vergegenwärtigt, deren Originale vermutlich während eines Besuches von Christophine Reinwald im Juni 1804 entstanden sind.

Links:
Ernst Friedrich Wilhelm von Schiller (1796–1841) als Kind
Nach einer Zeichnung von Christophine Reinwald, 1804
Kopie von Gerlinde Böhnisch-Metzmacher, 1988

»Daß die lieben Kinder zuweilen an mich denken, freut mich sehr; ich vergesse sie nie, sie sind immer vor meinem Blick, diese gutmütigen, frohen

Geschöpfe. Der kleine Ernst mit seinem dicken Prälatengesicht, das sich selten aus seiner Ruhe bringen läßt, heitert mich oft auf; er hat gar etwas Originelles, der Kleine, und bei allem seinem anscheinenden Phlegma läßt er sich doch von den andern Kindern in ihren Spielen, wie ich oft gesehen habe, nicht zu viel geschehen.« (Christophine Reinwald an Charlotte von Schiller, Sommer 1799.)

Schillers zweiter Sohn Ernst studierte in Heidelberg und Jena Rechtswissenschaft. Auch nach Erlangen der Doktorwürde 1817 erhielt er keine Anstellung im weimarischen Staatsdienst und ging deshalb 1819 als Gerichtsassessor in preußische Dienste nach Köln. 1823 heiratete er Magdalena von Mastiaux, geb. Pfingsten. Er war Königlich-preußischer Appellationsgerichtsrat in Vilich bei Bonn, als er im Alter von 46 Jahren einem Lungenleiden erlag.

Ernst von Schiller erstaunte Freunde und Bekannte durch seine große Ähnlichkeit mit dem Vater. Seine dichterischen Versuche blieben ohne nennenswerten Erfolg.

Rechts:

Caroline Henriette Luise von Schiller (1799–1850) als Kind
Nach einer kolorierten Zeichnung von Christophine Reinwald
Kopie von Gerlinde Böhnisch-Metzmacher, 1988

»Die kleine Karoline ist gut und sanft und freundlich, wie es wenig Kinder gibt; sie liebt alles nur zu sehr; doch es verliert sich nach und nach diese zu große Anhänglichkeit; sie würde sonst nicht glücklich werden.« (Charlotte von Schiller an ihre Schwägerin Luise Franckh, 5. Juni 1802.)

Als junges Mädchen hielt sich Caroline oft in Rudolstadt auf, um ebenso wie ihre Schwester Emilie die Großmutter zu pflegen. Nach dem Tod der Mutter ging sie zunächst als Erzieherin an den Hof des Herzogs Eugen von Württemberg nach Karlsruhe in Schlesien. Danach kehrte sie in den Heimatort ihrer Mutter zurück und heiratete 1836 den verwitweten Bergrat Karl Emanuel Franz Junot aus Katzhütte, der sechs Kinder in die Ehe mitbrachte. Sie mußte den Tod ihres eigenen Sohnes Felix und den ihres Gatten (1846) erleben. Sie selbst starb 1850 während eines Besuches bei ihrer Schwester in Würzburg.

In Carolines Jugendzeit lobte Charlotte von Schiller die schöne Stimme und musikalische Begabung der Tochter, die wohl Schiller sehr erfreut hätte.

Von dem ältesten und dem jüngsten Kind Schillers finden sich hier keine bildlichen Darstellungen, dafür die nachstehenden verbalen Porträts.

Karl Friedrich Ludwig von Schiller (1793–1857),
Schillers ältester Sohn, wurde während des Aufenthalts der Eltern in Schillers schwäbischer Heimat geboren. Als Erstgeborener war der »Goldsohn« bis 1796 alleiniger Mittelpunkt der Familie. Als er neun Jahre alt war, schrieb Charlotte über ihn an die Schwägerin Luise Franckh: »Karl ist sehr hübsch und gut und brav, leicht und fröhlich; ich hoffe aber, da er weich ist, so wird, wenn die erste Jungenwildheit vorüber ist, er doch herzlich und teilnehmend werden; er ist sehr liebenswürdig, und alle, die ihn sehen, haben Zuneigung zu ihm.« (5. Juni 1802.)

Karl studierte in Jena und Heidelberg Forstwissenschaft, erhielt aber wie sein Bruder Ernst keine Anstellung in Weimar. 1817 wurde er am württembergischen Hof angestellt. 1825 heiratete er Luise Locher. Sein Sohn Friedrich wurde 1826 geboren. 1852 setzte Karl von Schiller sich als Königlich-Württembergischer Oberförster und Großherzoglich-Sächsischer Kammerherr in Stuttgart zur Ruhe.

Als Ältester empfand er seine Verantwortung für die vaterlose Familie: »Ich bin der älteste Sohn dieser Mutter und wünschte ihre und zweier unverheirateter Schwestern Stütze zu werden. Ihnen mit allen meinen Kräften bis an mein Lebensende beizustehen, versprach ich meinem verewigten Vater auf dem Totenbette.« (24. April 1824.)

Emilie Henriette Luise von Schiller (1804–1872),
Schillers jüngste Tochter, war erst neun Monate alt, als der Vater starb. Sie war in dieser Zeit der besondere Trost Charlottes: »Emilie ist so freundlich und gut, daß es mir ist, als spräche der Geist ihres Vater zu mir; wenn ich nur nahe komme, legt sie ihr Köpfchen an mich und lächelt, es ist ein freundliches liebes Wesen.« (An Christophine Reinwald, Juni 1805.)

Die fast erwachsene Tochter charakterisierte Charlotte 1819 so:
»... sie ist bescheiden und still und weiß auch, was sie will, auch ist sie ganz freimütig. Sie hat so ein eigenes Wesen, daß sie stets das Rechte tut, im Hause wie in der Gesellschaft.«

1828 heiratete Emilie Heinrich Adelbert Freiherrn von Gleichen-Rußwurm, den Sohn der Kinderfreundin ihrer Mutter. 1836 wurde ihr Sohn Ludwig geboren.

Auf ihrem Wohnsitz Schloß Greifenstein in Unterfranken sammelte und ordnete Emilie den schriftlichen und den gegenständlichen Nachlaß des Vaters, soweit er in ihren Händen war. Sie veröffentlichte den Briefwechsel der Eltern sowie die dramatischen Entwürfe Schillers und beteiligte sich an der Herausgabe der Korrespondenz ihrer Mutter durch Ludwig Urlichs. Ihr und ihren Nachfahren ist die Bewahrung und Übermittlung dieser Nachlässe an die Archive und Gedenkstätten in Weimar und Marbach zu danken.

Auch nach Schillers Tod war Charlotte durch Pensionen, durch Honorare und großzügige Unterstützungen nicht in finanzieller Not. Zu ihren und der Kinder Gönnern gehörten der Verleger Cotta, die Weimarer Großherzogin Maria Pawlowna, der Rat Rudolf Zacharias Becker in Gotha, Karl Theodor von Dalberg, Ludwig von Wolzogen, Wilhelm von Humboldt. So konnte sie vor allem den Söhnen eine angemessene Erziehung im Haus und die Ausbildung an öffentlichen Bildungseinrichtungen ermöglichen.

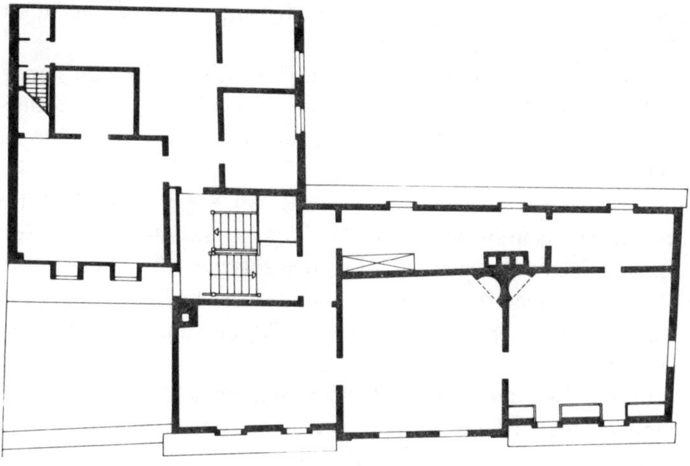

Zweite Etage

Der stille und eigenständige Wohnbereich im Mansardgeschoß entsprach Schillers individuellen Ansprüchen. In relativer Abgeschiedenheit, weitestgehend vom Alltagslärm abgeschirmt, konnte er sich ungestört der Verwirklichung seiner ehrgeizigen schriftstellerischen Pläne widmen.

Im März 1804 berichtete Schiller seinem Schwager Wilhelm von Wolzogen: »Meine beste Freude ist meine Tätigkeit, sie macht mich glücklich in mir selbst und unabhängig nach außen, und kann ich nur mein fünfzigstes Jahr mit ungehinderten Geisteskräften erreichen, so hoffe ich soviel zu ersparen, daß meine Kinder unabhängig sind. Dieses Jahr mache ich mein Haus vollends schuldenfrei und hoffe noch übrig zu behalten.«

Die Vorzüge einer unabhängigen Wohnetage mit persönlichen Freiräumen wurden besonders in Phasen intensiver Arbeit, aber auch während der allzu häufigen Krankheitstage augenfällig. Der dadurch verursachte unregelmäßige Arbeits- und Lebensrhythmus wirkte sich dank dieser räumlichen Trennung weder störend auf seine Familienmitglieder aus, noch fühlte Schiller sich von außen beeinträchtigt, ohne daß dabei jedoch eine Abkapselung vom familiären Lebensbereich angestrebt oder gar bewirkt wurde. Im Gegenteil – das für Schillers Wohlbefinden so wichtige harmonische Familienleben, der gemeinsame häusliche Alltag wurden durch die gegebene Wohnstruktur nicht prinzipiell in Frage gestellt.

Schillers Tochter Caroline verbrachte nicht selten die Kaffeestunden beim Vater und durfte bei ihm »schmarotzen«. »Ein Sohn, eine Knabe von etwa zehn Jahren, der einige Mal ins Zimmer kam, schien ihm viel Freude zu machen, und er hatte seinen Scherz mit ihm über eine Rüstung, die der Knabe verlangte«, schrieb der Schriftsteller Gottfried Gruber nach einem Besuch. »Die Abende«, so erzählte Schillers Sohn Karl, »brachten wir, wenn nicht Freunde zugegen waren, auf des Vaters Arbeitszimmer zu, während er aß; da er selten zu Mittag wegen des späten Aufstehens aß, verband er das Mittag- und Abendessen gewöhnlich.«

Schillers Neigungen und Bedürfnissen gemäß sollten ihm die Räumlichkeiten in der oberen Etage nicht nur zum Arbeiten und Wohnen dienen, sondern auch genügend Platz für eine nicht übertriebene Geselligkeit bieten.

Bereits im Herbst 1799 hatte Schiller seine Vorstellungen über sein Leben in Weimar nach Dresden übermittelt: »Ich werde also verschiedene Veränderungen in meiner Lebensweise erleiden und besonders mehr als bisher in Gesellschaft leben. Obgleich Weimar ein teurerer Ort ist als Jena, so kann ich von dem, was mich der dortige Aufenthalt auf 6 Monate jährlich mehr kostet, doch alles das abrechnen, was es mich in Jena kostete, ein kleines Haus zu machen.«

Interessante Gesprächspartner und gute Freunde waren dem aufgeschlossenen und mitteilsamen Schiller gern willkommene Gäste. Neben einem Arbeits- und Schlafzimmer gehörte deshalb ein »Besuchsraum« zu seinen unbedingten Wohnraumansprüchen.

Schillers Zimmer hatten Morgen- und Mittagssonne. In seinen Briefen hob er hervor, daß er in einem freundlichen, sauberen und bequemen Haus wohne, und so war sicher auch die Einrichtung. Seine Vorstellungen von Wohnkomfort gingen auf Zweckmäßigkeit aus, offenbarten aber durchaus auch Sinn für Behaglichkeit: »Mein notwendiger Hausrat besteht aus guter Kommode, dem Schreibtisch, dem Bett und dem Sopha, dann dem Tisch und einigen Sesseln. Hab' ich dieses, so brauche ich zu meiner Bequemlichkeit nichts mehr.«

Die vorhandenen Originalstücke wirken dazu wie eine Dokumentation. Möbel aus Buchen-, Birnbaum- und Fichtenholz bilden den Grundstock der Einrichtung, die durch schmückende und persönliche Gegenstände zum Teil zurückhaltend ergänzt wurde. Der Nutzung der Räume entsprechend, bestimmt eine klare und zweckvolle Möbelform und eine sinnvolle Gruppierung der Einrichtungsgegenstände das Milieu.

Nachdem die Stadt Weimar 1847 das Haus an der Esplanade erworben hatte, wurde sogleich der Beschluß gefaßt, die ehemaligen Wohn- und Arbeitsräume Schillers museal zu nutzen. Schwerpunkt war dabei die historische Ausstattung des Arbeits- und Sterbezimmers. Um dem ursprünglichen Zustand möglichst nahezukommen, wurde mit hohem Aufwand versucht, die verstreuten originalen Einrichtungsgegenstände zurückzugewinnen. Die für das Arbeits- und Sterbezimmer wichtigsten Möbel – der Schreibtisch und das Bett – gehörten zu den ersten in das Schillerhaus zurückkehrenden Nachlaßstücken. Daneben erwies es sich für die beabsichtigte weitestgehend authentische Gestaltung des Raumes als günstig, daß die Schillerschen Bücherregale noch vorhanden waren und die alten Tapeten nach den an den Wandschränken vorgefundenen Tapetenmustern nachgedruckt werden konnten. In einem Brief aus dem Jahre 1847 an Schillers jüngste Tochter, Emilie von Gleichen-Rußwurm, hieß es: »Es wird Ihnen schon aus den Zeitungen bekannt sein, daß wir das eigentliche Wohnzimmer ganz so, wie es früher eingerichtet war, wieder herzustellen bemüht sind, und es ist uns auch geglückt, die ursprüngliche Tapete an den Wandschränken wieder aufzufinden, und der hiesige Tapetenfabrikant Rößler hat sie ganz täuschend nachgemacht. [–] In diesem Zimmer werden wir nun insbesondere die Reliquien und Handschriften aufbewahren, die von

Ihnen und Ihrer Frau Schwester uns verehrte Handschrift, welche uns gestern Herr Rat Wilhelm in Ihrem Auftrag übergeben hat und wofür ich Ihnen namens des Stadtrats den ergebensten Dank ausspreche, sollen ebenfalls dort aufbewahrt werden. Das Wohnzimmer wird hoffentlich, wenn das Wetter uns begünstigt, in 14 Tagen hergestellt sein, dagegen werden die übrigen Räumlichkeiten erst gegen Ostern so vollendet sein, wie der Plan ist. Wie mir Herr Rat Wilhelm sagte, haben Sie die Absicht, Weimar in der Kürze zu besuchen. Es wird mir zur besonderen Ehre gereichen, wenn Sie mir alsdann gestatten wollen, Sie in den väterlichen Wohnzimmern herumzuführen und Ihnen unsere Pläne umständlich darzulegen.«

Der Verbleib mancher Gegenstände aus Schillers Nachlaß ist zum Teil höchst erstaunlich, nicht weniger die Art und Weise ihrer Wiedergewinnung für das Haus. Gleichzeitig erreichte die Initiatoren eine Vielzahl von Erinnerungsstücken, die geschenkt, gestiftet, aber auch zum Kauf angeboten wurden.

Während der Eingangsraum im wesentlichen als Lagerraum genutzt wurde, gab man dem mittleren Zimmer den Charakter eines Huldigungskabinetts (s. S. ??). Im Mai 1851 besuchte Adolf Stahr das Schillerhaus. In seinem Tagebuch beschrieb er den mittleren Raum folgendermaßen: »Der kleine Salon ist blaßblau gemalt. Embleme auf Schillersche Dichtungen bezüglich umgeben den Plafond. Ein kunstvoll gestickter, durch das ganze Zimmer gebreiteter Fußteppich, gestickte Sessel, von den Händen weimarischer Frauen mit ähnlichen Emblemen geschmückt, ein Gipsabguß der Statue der aufgestützten Muse aus dem Vatikan bilden ein nicht ungefälliges Ganze.«

Im Jahre 1854 fanden die Bemühungen um den Aufbau einer Memorialstätte und eines »Schiller-Bestandes« ihr vorläufiges Ende. Unzählige große und kleine Erinnerungsgegenstände waren zusammengekommen, für die es kaum Ausstellungsmöglichkeiten gab. An die Zeit des Sammelns schloß sich die des Sichtens und der Auswahl an, verbunden mit der Entwicklung neuer Vorstellungen und Zielsetzungen.

Bereits zwei Jahre nach dem Erwerb des Hauses durch die Stadt war der Wunsch nach einer Büste des Dichters entstanden, die in seiner letzten Wohnstätte ihren würdigen Platz finden sollte. 1856 erhielt Professor Hähnel aus Dresden den Auftrag, eine Porträtbüste aus Marmor anzufertigen. Die im Frühjahr 1861 vollendete Büste wurde am

11. Juni dieses Jahres in der Nische des mittleren Zimmers, des sogenannten Gesellschaftszimmers, auf einem Postament aufgestellt. Das Honorar des Künstlers – 400 Taler – wurde durch Geldsammlungen und insbesondere durch Erlöse aus den Veranstaltungen des »Vereins für öffentliche Vorlesungen« aufgebracht. Im Zusammenhang mit den Bemühungen um die Büste kam der Gedanke auf, das Zimmer zum memorialen Wohnraum umzugestalten, was sich jedoch erst 1867 realisieren ließ.

In den Jahren 1906 bis 1909 erfolgte eine durchgreifende Neuordnung des »Schillermuseums« durch den damaligen Kustos. Der bis dahin als Lager genutzte Eingangsraum der Mansarde wurde nun als Museumsraum eingerichtet, in dem viele der Sammlungsgegenstände Aufstellung fanden. Aus dem Gesellschaftszimmer und dem Arbeitszimmer wurden weitestgehend die nicht zur originalen Ausstattung gehörenden Gegenstände entfernt.

Als im Jahre 1930 in der ersten Etage ein Literaturmuseum eingerichtet wurde, erhielt das Eingangs- oder Empfangszimmer eine den Gegebenheiten zur Schillerzeit angenäherte Ausstattung. In dieser Form blieb die Gedenkstätte im Mansardgeschoß bis zu der Rekonstruktion zwischen 1985–1988 im wesentlichen erhalten.

Die Bezeichnung der ersten beiden Räume folgt der Überlieferung. Demnach begann Schillers eigentlicher Wohnbereich mit dem

Empfangszimmer

In dem heute sparsam mit zeitgenössischem Mobiliar ausgestatteten Raum empfing Schiller wahrscheinlich Besucher, die nicht seinem engeren Freundeskreis angehörten – Gäste, mit denen er nur kurz zu sprechen beabsichtigte, oder Fremde, die dem berühmten Dichter ihre Aufwartung machen wollten.

Leuten gegenüber, die ihn nur aufsuchten, um die »Ehre und das Vergnügen« zu haben, »den großen Schiller zu sehen«, verhielt sich der Hausherr reserviert, ungeduldig und gelegentlich auch grob. »Ebenso war es ihm zuwider, wenn ein Fremder sich bei ihm melden ließ«, erzählte Goethe 1827 Johann Peter Eckermann. »Ich war Zeuge, wie er einst einen fremden Chirurgus, der, um ihm seinen Besuch zu machen, bei ihm unangemeldet eintrat, sehr heftig anfuhr, so daß der arme Mensch, ganz verblüfft, nicht wußte, wie schnell er sich sollte zurückziehen.« Desgleichen empfand Schiller Höflichkeitsbesuche, die nur Zeit kosteten und wenig Anregung boten, als äußerst lästig.

Die Gestaltung des Raumes wurde unter Berücksichtigung seiner Funktion nachempfunden, da über den ursprünglichen Zustand keine Zeugnisse vorhanden sind. Dagegen konnte die Tapete einschließlich der Bordüre – wie in den anderen Zimmern auch – den Originalbefunden entsprechend nachgedruckt werden.

Bilder, die an Freundschaften und Beziehungen, an Ereignisse und Umstände in des Dichters Leben erinnern, schmücken die Wände des Zimmers.

Raumbestimmend ist das wohl bekannteste Bildnis des Dichters, das sich über dem zeittypischen **Kastensofa** befindet.

Friedrich Schiller
Öl auf Leinwand von Christian Xeller (1784–1872) nach Anton Graff (1736–1813), 1. Hälfte 19. Jh.
Die Kopie wurde 1878 für das Schillerhaus erworben.

Während seines Dresdner Aufenthaltes wurde Schiller, vermutlich in Körners Haus, mit dem Schweizer Anton Graff bekannt, der damals als Hofmaler in Dresden tätig war und als der beste Porträtmaler seiner Zeit galt.

Über die im Mai 1786 begonnene Arbeit an Schillers Porträt berichtete Graff: »Das Porträt Schillers hat mir die größte Not, zuletzt aber auch die größte Freude gemacht; das war ein unruhiger Geist, der hatte, wie wir sagen, kein Sitzfleisch. Nun liebe ich es zwar sehr, wenn die Personen mir gegenüber nicht wie die Ölgötzen regungslos dasitzen oder wohl gar interessante Gesichter schneiden, aber Freund Schiller trieb mir die Unruhe doch zu weit; ich war genötigt, den schon auf die Leinwand gezeichneten Umriß mehrmals wieder auszuwischen, da er mir nicht stille hielt. Endlich gelang es mir, ihn in einer Stellung festzubannen, ich welcher er, wie er versicherte, sein Lebtag nicht gesessen, die aber von den Körnerschen Damen für sehr angemessen und ausdrucksvoll erklärt wurde. Ich meine den Dichter des Don Carlos, aus welchem er mir während der Sitzungen vordeklamierte, in einem glücklichen Moment aufgefaßt zu haben.«

Nach Minna Körners Aussage hat Schiller dem Porträtisten etwa viermal gesessen. Als Schiller 1787 Dresden verließ, war das Gemälde noch nicht vollendet.

Drei Jahre später hatte Schiller den Wunsch, seiner jungen Frau das Porträt als Geschenk zum ersten gemeinsamen Weihnachtsfest zu überreichen, und er wandte sich deshalb am 17. Dezember 1790 an Körner: »So gar gern wünschte ich meiner Frau zu Weihnachten mit dem Graffschen Gemälde von mir eine Freude zu machen; sie verlangt unbeschreiblich danach. Wenn es gleich nicht vollendet ist, so kann Graff es ja eine Zeitlang in meinen Händen lassen, bis wir zusammenkommen, welches so gar lange nicht mehr anstehen kann – und dann kann er's vollenden. Es wäre mir gar zu lieb, gern bezahl' ich's ihm jetzt gleich; ich hoffe, er wird nicht über dreißig Taler fordern.« Aber Graff gab das unvollendete Werk nicht heraus, und Körner antwortete Schiller am 24. Dezember 1790: »Ich wäre Dir sehr gern behilflich gewesen, Deinem Weibchen eine Freude zu machen; aber Graff gibt das Bild nicht unvollendet aus den Händen. Über den Preis habe ich noch nichts erfahren können ... Dreißig Taler wäre freilich sehr wenig für ein Bild mit zwei Händen.«

Nach der Fertigstellung 1791 war Schiller, vermutlich aus finanziellen Gründen, nicht mehr an dem Kauf des Gemäldes interessiert. Im Sommer 1794 erwarb schließlich Körner das Porträt. Dora Stock fertigte auf Schillers Wunsch ein Pastellgemälde nach dem Original an, das der Dichter am 3. April 1795 erhielt.

Zwischen den Fenstern erinnert die auf einer **Kommode** aus dem Jahre 1750 stehende Porträtbüste an einen der wichtigsten und häufigsten Besucher.

Johann Wolfgang von Goethe (1749–1832)
Büste in gebranntem Ton von Martin Gottlieb Klauer (1742–1801)
Aus Friedrich Justin Bertuchs Besitz, der mit Schillers Familie befreundet war.

»Zuerst meinen herzlichen Wunsch, daß die Veränderung des Quartiers möge glücklich abgelaufen sein! Es soll mich sehr freuen, Sie in einem neuen, freundlichen, gegen die Sonne und das Grüne gerichteten Quartier gesund und tätig anzutreffen«, beglückwünschte Goethe in einem Brief vom 4. Mai 1802 Schiller zu seinen neuen, verbesserten Wohnverhältnissen.

Seit ihrer gemeinsamen Arbeit an der von Schiller herausgegebenen literarisch-ästhetischen Monatsschrift »Die Horen« entwickelte sich zwischen beiden Dichtern, trotz bestehender Meinungsverschiedenheiten, ein produktives Arbeitsbündnis, das auf die Schaffung »großer und würdiger Kunstwerke« zielte. Bei der Realisierung seiner dramatischen Pläne erwies sich für Schiller neben der erforderlichen unmittelbaren Verbindung zum Theater auch der engere persönliche Kontakt zu Goethe als nützlich. Nach Schillers Übersiedlung in die Residenzstadt Weimar (1799) konnte der jahrelange briefliche Gedankenaustausch über ästhetisch-theoretische und schaffensmethodische Probleme durch das fast tägliche persönliche Gespräch ersetzt werden. »Goethen seh ich alle Tage«, berichtete Schiller nach dem Umzug seinem Freund Körner.

Wenn auch das Verhältnis zwischen Goethe und Schiller nicht als innig bezeichnet werden kann, so verband beide doch eine freundschaftliche Beziehung, die sich auf gegenseitige Achtung, Toleranz und Wohlwollen gründete. Im Haus an der Esplanade wurde Goethe oft und gern von Schiller und seiner Familie empfangen.

1828 äußerte sich Goethe gegenüber Eckermann: »… er ist so groß am Teetisch, wie er es im Staatsrat gewesen sein würde. Nichts geniert ihn, nichts engt ihn ein, nichts zieht den Flug seiner Gedanken herab; was in ihm von großen Ansichten lebt, geht immer frei heraus ohne Rücksicht und ohne Bedenken. Das war ein rechter Mensch, und so sollte man auch sein!«

Ansicht von Weimar
Aquarell von J. E. C. Gentzsch, 1784

Ein Vierteljahr nach seiner Ankunft in Weimar 1787 berichtete Schiller nach Dresden: »In der Tat habe ich hier jetzt eine recht schöne Existenz; voll Genuß, Arbeit und Hoffnung. Ich bin gesund, und meine Laune ist klar und sich gleich. Meiner Verbindungen sind viele, viele sind mir gut, einige sind mir recht gut. Dies gibt dem Leben einen angenehmen Fluß.«

Das Aquarell stammt aus dem Nachlaß von Carl Ludwig von Knebel. Seine Enkelin schenkte es um 1930 dem Schillerhaus.

An der gegenüberliegenden Wand sind Freunde und Bekannte Schillers im Porträt festgehalten.

Links neben der Eingangstür:

Karl Theodor Anton Maria Reichsfreiherr von Dalberg (1744–1817)
Öl auf Holz von unbekanntem Künstler, um 1795

Karl von Dalberg residierte als Statthalter des Kurfürsten von Mainz in Erfurt und wurde 1787 zum Koadjutor des Erzbistums Mainz ernannt.

Schiller stand mit dem Bruder des Mannheimer Theaterdirektors seit 1789 zuerst in brieflichem, später – insbesondere Anfang der neunziger Jahre – in persönlichem Kontakt. Seine Hoffnungen, mit Dalbergs Hilfe »in eine bessere Sphäre versetzt zu werden«, wo sein »Geist von elenden Rücksichten des Gewinns unabhängig wirken kann« (an C. von Beulwitz, November 1789) – gemeint war eine Berufung an die Universität Mainz –, konnte der Koadjutor nicht erfüllen.

Dalberg galt als der designierte Nachfolger des betagten Kurfürsten und Erzbischofs von Mainz, Friedrich Carl Joseph von und zu Erthal (1719–1802). Bereits 1790 stellte Dalberg für den Fall seines Regierungsantritts Schiller eine dessen Wünschen entsprechende Stellung in Mainz in

Aussicht. Als er im Jahre 1802 zum Kurfürsten von Mainz mit Residenz in Aschaffenburg und zum Erzkanzler des Deutschen Reiches gewählt wurde, verhinderten die gänzlich veränderten politischen Bedingungen die Einlösung dieses Versprechens.

Dalberg erneuerte sein »altes Engagement« für Schiller durch erhebliche Geldzuwendungen, die er dem Dichter in den Jahren 1803 und 1804 zukommen ließ. Schillers künstlerische Entwicklung verfolgte der selbst schriftstellerisch Ambitionierte mit Interesse und Hochschätzung. »Ihre Muse ist seel- und herzerhebend und stärket mich in dem oft schweren Werke strenger Pflichterfüllung!« schrieb er 1803 aus Regensburg. Der Dichter schickte ihm einige seiner Werke und Almanache und widmete ihm seine 1793 erschienene philosophisch-ästhetische Abhandlung »Über Anmut und Würde« sowie das 1804 in eine für den Kurfürsten bestimmte Abschrift des »Wilhelm Tell« eingefügte Gedicht »An Karl Theodor von Dalberg«.

In der Mitte:

Johann Gottfried Seume (1763–1810)
Kupferstich von Amadeus Wenzel Böhm (1771–1823) nach Veit Hans Schnorr von Carolsfeld (1764–1841), 1809

Zu den begeistertsten Verehrern von Schillers Dichtungen zählte der Schriftsteller Seume. Am 10. August 1792 schrieb er als Soldat in Emden an ihn: »Ich versichere Ihnen mit dem ehrlichsten Ernst, daß ich hinter der preußischen Patronentasche an einem Zipfel der Nordsee über ihre Arbeiten manchmal vergaß, daß ich den fünften Tag nach der Löhnung kein Brot hatte.«

Als zeitweiliger Mitarbeiter des Verlages von Georg Joachim Göschen wurde Seume mit Schiller persönlich bekannt. 1801 bearbeitete er in der Druckerei Grimma das Manuskript für die redigierte Neuausgabe des »Don Karlos« als Korrektor. Im November des gleichen Jahres besuchte er Schiller und dessen Familie in Weimar. Während eines Empfangs bei Zarin Maria Feodorowna von Rußland 1805 schilderte Seume seine damaligen Eindrücke: »Schiller ist mir am liebenswürdigsten gewesen als Hausvater, sagte ich und erzählte der Kaiserin, wie ihn einst die Unruhe wegen seiner kleinen Tochter nicht einige Tage länger in dem Zirkel seiner Freunde in Kursachsen ließ. Er eilte nach Weimar; und als ich einige Wochen nachher ihn besuchte, kam er mir im Vorhause mit dem lieblichen Ideal von Mädchen auf dem Arme entgegen und sagte: Sehen Sie, das ist das kleine närrische Geschöpf, das mich nicht ruhig bei Ihnen lassen wollte.«

Daneben:

Christian Gottlob Voigt (1743–1819)
Pastell von unbekanntem Künstler

Schon bald nach seinem Eintreffen in Weimar 1787 lernte Schiller den Regierungs- und Hofrat Voigt als einen »ganz trefflichen Mann« kennen, zu dem sich eine dauernde freundschaftliche Beziehung entwickelte.

»Der geheime Rat von Voigt«, schrieb Caroline von Wolzogen, »blieb Schillers aufrichtiger und tätiger Freund, wohlwollend wirkte er auf sein Verhältnis zum Herzog, half und vermittelte, wo er's nur vermochte.«

Der Weimarer Beamte war an Schillers Berufung als Professor für Philosophie an die Universität Jena beteiligt und wurde 1802 beauftragt, die begründenden »Personalien« für die von Herzog Carl August ersuchte Erhebung Schillers in den Reichs-Adelsstand zu formulieren. Den von Voigt verfaßten Entwurf ergänzte Schiller nur geringfügig und schickte ihn am 18. Juli 1802 mit Dank zurück: »Aufs schönste danke ich Ihnen, verehrtester Freund, für das brillante diplomatische Testimonium, das Sie mir erteilen. Es ist freilich keine kleine Aufgabe, aus meinem Lebenslauf etwas heraus zu bringen, was sich zu einem Verdienst um Kaiser und Reich qualifizierte, und Sie haben es vortrefflich gemacht, sich zuletzt an dem Ast der deutschen Sprache festzuhalten.«

Bemerkenswert sind die neben dem **Konsoltisch** stehenden **Stühle** aus Birnbaumholz. Ihre Muster wurden 1796 und 1805 im »Journal des Luxus und der Moden« veröffentlicht, das der Weimarer Unternehmer Friedrich Justin Bertuch seit 1786 herausgab. In der Beschreibung heißt es dort: »... ein Stuhl für gewöhnliche Wohnzimmer von Birnbaumholz braun gebeizt. Die Verzierung der Lehne ist eine sogenannte Jakobs-Mantel-Muschel mit ausgehobenen Rippen.« Das Stuhlmodell erfreute sich großer Beliebtheit und fand in Weimar und Umgebung schnelle Verbreitung.

Der grün-weiß melierte **Ofen** aus dem 18. Jahrhundert wurde 1909 aus dem Schloß Allstedt übernommen.

Neben dem Ofen:

Bespannter Vorsatzschirm
Um 1800
Aus Schillers Besitz
Geschenk der Hofschauspielerin Rosa Lüdt, die ihn von Schillers Enkel Ludwig von Gleichen-Rußwurm erhalten hatte, 1912

Links neben der Verbindungstür:

Der Engel Gabriel (»L'ange Gabriel«)
Kupferstich in Punktiermanier von Louis Charles Routte (1754– um 1806) nach Guido Reni (1575–1642)
Vermutlich aus Schillers Besitz; auf der Rückseite ist von fremder Hand vermerkt: »hat in Schillers Zimmer gehangen«.

Rechts daneben:

Wilhelm von Humboldt (1767–1835)
Gipsabguß nach dem Originalrelief von Martin Gottlieb Klauer, undatiert
Geschenk des Schiller-Nationalmuseums Marbach

»Mein näherer Umgang und mein Briefwechsel mit Schiller fallen in die Jahre 1793 bis 1797; vorher kannten wir uns wenig; nachher, wo ich mich meistenteils im Ausland aufhielt, schrieben wir uns seltener«, begann Humboldt seine »Vorerinnerung. Über Schiller und den Gang seiner Geistesentwicklung«, die er dem 1830 herausgegebenen Briefwechsel voranstellte.

Aus der 1789 geschlossenen Bekanntschaft erwuchs während dieser Zeit eine tiefe und für beide Seiten fruchtbare Freundschaft. Schiller schätzte Humboldt insbesondere als geistreichen, vielseitig interessierten und anregenden Gesprächspartner – »denn im Gespräch mit ihm entwickeln sich alle meine Ideen glücklicher und schneller« – sowie als profilierten Mitarbeiter der »Horen«.

Als Humboldt 1795 nach Berlin-Tegel übersiedelte, begann eine fast zwei Jahre dauernde intensive Korrespondenz mit Erörterungen literarischer und ästhetischer Themen. Auch in den späteren Jahren blieb die geistige Verbundenheit erhalten.

In Schillers Haus in Weimar fand im September 1802 ihr letztes Wiedersehen statt, und wenige Wochen vor seinem Tod schrieb Schiller an Humboldt nach Rom: »Für unser Einverständnis sind keine Jahre und keine Räume. Ihr Wirkungskreis kann Sie nicht so sehr zerstreuen und der meinige mich nicht so sehr vereinseitigen und beschränken, daß wir einander nicht immer in dem Würdigen und Rechten begegnen sollten. Und am Ende sind wir ja beide Idealisten und würden uns schämen, uns nachsagen zu lassen, daß die Dinge uns formten und nicht wir die Dinge.«

Auf der Rückseite des Originalreliefs, das sich in Marbach befindet, ist vermutlich von Caroline Junot vermerkt: »Aus Schillers Zimmer.«

An der Wandschräge:

»Vue du Rathsfeld dediée à Madame la Baronne de Lengefeld, par sonfrère de Wurmb«
Tuschzeichnung von Wurmb, 1770

Die bildliche Darstellung des Schlosses Rathsfeld am Kyffhäuser, das vermutlich zu den Besitzungen der Familie von Wurmb gehörte, stammt von einem der beiden Brüder der Luise Juliane von Lengefeld, geb. von Wurmb.

Auf der Rückseite des Kartons befindet sich von Schillers Enkel Heinrich Ludwig Freiherrn von Gleichen-Rußwurm folgende Bestätigung:

»Daß diese Zeichnung aus dem Schillerschen Nachlaß stammt, beglaubige ich hiermit
Ludwig Freiherr von Gleichen-Rußwurm
Rudolstadt 15. Mai 1890«

Wann und wie Schiller diese Zeichnung erhielt, ist nicht mehr nachvollziehbar. Sie erinnert an seine erste in der Öffentlichkeit bekannt gewordene Erzählung »Eine großmütige Handlung aus der neusten Geschichte«. Als Schiller 1782 die Liebesgeschichte der Brüder Ludwig (1740–1811) und Friedrich von Wurmb (1742–1781), die ihm sicherlich von Henriette von Wolzogen als wahre Begebenheit übermittelt worden war, für das »Wirtembergische Repertorium der Literatur« niederschrieb, ahnte er nicht, daß die Handlungsträger seiner kleinen Erzählung die Oheime seiner späteren Frau Charlotte und die Brüder seiner zukünftigen Schwiegermutter waren.

Ein kleiner runder **Tisch** aus Nußbaum und drei **Stühle** aus Buchholz ergänzen die Einrichtung.

Gesellschaftszimmer

Gute Freunde und Bekannte sowie prominente Gäste – zu ihnen zählten u.a. Goethe, Wilhelm von Humboldt, die Verleger Göschen und Cotta, der Bibliothekar Fernow, der Historiker von Müller, der Herzog von Sachsen-Meiningen, die Damen der Weimarer Gesellschaft Charlotte von Stein und Amalie von Imhoff – begrüßte Schiller gern in seinem eigenen Wohnbereich.

Der kommunikationsfreudige Hausherr schätzte sehr das in vertrauter Runde in seinem Haus geführte Gespräch, für das er »ganz eigentlich geboren schien«, und »die den Geist anregende Diskussion«.

Obwohl er »ein philosophisches Gespräch mit gleichdenkenden Freunden« allem anderen vorzog, konnte Schiller im geselligen Kreis durchaus ausgelassen und heiter sein und wußte seine Gäste sehr fröhlich zu unterhalten. »Gestern war ich bei Schillers«, schrieb Amalie von Imhoff im November 1802 an einen Freund, »wir waren sehr heiter, und es wurden lustige Geschichten erzählt, auch über die deutsche Sprache viel abgehandelt.« Johann Heinrich Voß d. J. fand Schiller während eines Besuchs »kindlich froh und heiter«: »Es ist eine Freude, den Mann von seinem Leben erzählen zu hören, besonders, wenn er in seine komische Laune fällt. Da hat er etwas gar Anmutiges in seiner Miene, ich möchte es ein ernsthaftes Lachen nennen, welches seine majestätische Physiognomie von dem zu großen Ernste etwas herabstimmt und mildert.«

»Beim fröhlichen Mahl im Kreise vertrauter, ihn ansprechender Menschen überließ er sich gern einem heitern, aber mäßigen Genusse des Weines. Das Unmaß floh er immer, da ihm, wie er sagte, ein Glas zuviel gleich den Kopf zerstöre. Beim Schreiben trank er nie Wein; oft Kaffee, der ermunternd auf ihn wirkte«, berichtete Caroline von Wolzogen.

Von einer ganz besonderen Atmosphäre waren die Stunden geprägt, in denen der Dichter – in familiärer oder kleinerer Runde – aus seinen Werken vorlas. Am 4. Februar 1803 erfüllte Schiller dem Herzog von Sachsen-Meiningen den Wunsch, durch eine Lesung sein eben fertiggestelltes Drama »Die Braut von Messina« vorzustellen. Dazu fanden sich neben Herzog Georg eine Reihe weiterer Zuhörer an der Esplanade ein.

Einen Tag später übermittelte Schiller seine Eindrücke in einem Brief an Goethe: »Die gestrige Vorlesung, von der ich mir eine sehr mäßige Erwartung machte, weil ich mir mein Publikum nicht dazu auswählen konnte, ist mir durch eine recht schöne Teilnahme belohnt worden, und die heterogenen Bestandteile meines Publikums fanden sich wirklich in einem gemeinsamen Zustande vereinigt.«

Schiller fühlte sich wie Goethe der Entwicklung eines niveauvollen Repertoires an der Weimarer Bühne sowie der Aus- und Weiterbildung der Schauspieler verpflichtet. Er unterstützte Goethes Forderung nach einem inhaltlich durchdringenden Rollenstudium und führte engagiert auch in seinem Haus Leseproben durch. So lud er beispielsweise die Akteure am 27. Februar 1803 zur ersten Leseprobe seines Dramas »Die Braut von Messina« in sein Mansardgeschoß ein. Weitere Leseproben nicht nur zu seinen eigenen Stücken, etwa zu »Mithridate« von Racine, folgten.

Goethe erinnerte sich 1825: »Schiller verfuhr in demselben Sinne wie ich. Er verkehrte mit Schauspielern und Schauspielerinnen sehr viel. Er war gleich mir bei allen Proben gegenwärtig, und nach jeder gelungenen Vorstellung von einem seiner Stücke pflegte er sie zu sich einzuladen und sich mit ihnen einen guten Tag zu machen. Man freute sich gemeinsam an dem, was gelungen, und besprach sich über das, was etwa das nächste Mal besser zu tun sei.«

Gern – auch um sich geistig zu stimulieren – spielte Schiller Schach mit dem jungen Johann Heinrich Voß, der häufig im Haus verkehrte und dem Dichter ein guter Krankenwärter war. Noch in seinen letzten Lebensmonaten fand Schiller, wie Voß berichtete, Freude und Genuß an diesem Brettspiel: »Wir spielen jeden Tag Schach zusammen, und das macht ihm Freude; er meinte, auf diese Weise käme er wohl zuerst wieder in seine gewöhnliche Tätigkeit hinein.«

Um 1800 belebten zahlreiche Gesellschaften und Zirkel die geistige und kulturelle Atmosphäre der Residenzstadt. Schiller und seine Frau gehörten zu den Teilnehmern des »Mittwochskränzchens«, seit 1801 auch als »Cour d'amour« bekannt, zu dem man sich mittwochs nach dem Theater in Goethes Haus traf: »Goethe hat eine Anzahl harmonierender Freunde zu einem Club oder Kränzchen vereinigt, das alle 14 Tage zusammenkommt und soupiert. Es geht recht vergnügt dabei zu, obgleich die Gäste zum Teil sehr heterogen sind, denn der Herzog selbst und die fürstlichen Kinder werden auch eingeladen. Wir lassen uns nicht stören, es wird fleißig gesungen und pokuliert. Auch soll dieser Anlaß allerlei lyrische Kleinigkeiten erzeugen, zu denen ich sonst bei meinen größern Arbeiten niemals kommen würde.« Die Weimarer Damen Henriette von Egloffstein und Amalie von Imhoff traten als Sängerinnen auf und trugen Gedichte Schillers in Vertonungen von Körner, Karl Friedrich Zelter u.a. vor, wie etwa »An die Freunde« oder »Die vier Weltalter«.

Die Weimarer Gesellschaft lud den Hofrat Schiller oft zu Tee- oder Abendgesellschaften ein. Wenn es sein Gesundheitszustand erlaubte, nahm der gesellige Dichter die Einladungen gern an. »Und da solltest Du ihn einmal in einer heitern Gesellschaft sehen, z. B. auf einer Redoute, wo er kurz vor Weihnachten mit mir, Riemer und noch 3 andern Freunden war. Wir tranken einige Flaschen Champagner und waren überaus seelig ... Wir blieben in der Nacht bis 3 Uhr zusammen, brachten darauf unsern Schiller feierlich zu Hause, der vor der Haustür den zärtlichsten Abschied von uns nahm. [–] Den folgenden Tag sprach ich ihn im Schauspielhause auf seiner Loge. Da sprach er noch von der Freude, die er am vorigen Abend gehabt hätte, und versprach, dieselbe Gesellschaft nächstens auf seinem Zimmer zu bewirten, wie er von ihr sei bewirtet worden. ›Aber unter uns wollen wir sein‹, fügte er leider hinzu, ›damit wir nicht gestört werden‹; wobei er mit einer schalkhaften Miene auf seine Frau und die Frau von Wolzogen wies«, berichtete Johann Heinrich Voß im November 1804 einem Freund.

Das ausgewogene Verhältnis zwischen Raum und Möbeln sowie die zahlreichen Bilder von Verwandten oder Freunden des Dichters vermitteln eine intime und behagliche Atmosphäre. Das Zentrum des Raumes bilden der Spieltisch und die Sitzgruppe.

Spieltisch
Nußbaum, vier ovale Vertiefungen für Spielgeld
Alter Besitz, vermutlich aus Schillers Nachlaß

Erholung und Entspannung fand der gesundheitlich oft geplagte und mit Arbeit überhäufte Schiller bei dem schon damals populären Kartenspiel. Während seines ersten Weimarer Aufenthaltes traf er sich mit seinen Partnern zum Whistspiel im »Mittwochsklub«, und aus seiner Jenaer Zeit ist überliefert, daß er einmal mit »den Philosophen Niethammer und Schelling einen heiteren Abend bei einer L'hombre-Partie« verbrachte.

Die Namen seiner Weimarer Mitspieler aus den letzten Jahren sind nicht bekannt.

Kastensofa und sechs Stühle
Birnbaum, schwarzer Bezugsstoff, Roßhaarfüllung
Alter Besitz, vermutlich aus Schillers Nachlaß

»Zu dem harten Sopha lasse ich aus Pferdehaarkissen, die ich noch vorrätig hatte, eine neue gute Matratze machen … Die Sopha- und Stuhlkappen aus den guten Zimmern lasse ich waschen, wie auch die Vorhänge …«
(Schiller an seine Frau Charlotte, 21. August 1804.)

Darüber sind die Bildnisse von Schillers Eltern und zwei Kupferstiche nach Angelica Kauffmann zu sehen.

Elisabeth Dorothea Schiller, geb. Kodweiß (1732–1802)
Öl auf Leinwand
Kopie von Otto Rasch, 1914, nach dem Original von Ludovike Simanowiz, 1793

Schiller hat das Originalgemälde wie das des Vaters selbst besessen. Am 24. Juni 1793 dankte er der Künstlerin: »Schon seit langer Zeit habe ich mir das Vergnügen vorbehalten, meiner bewunderten und verehrungswürdigen Landsmännin für das schöne Geschenk Dank zu sagen, das Sie mir mit dem Bilde meiner Mutter gemacht haben. Jeder, der es sieht, bewundert die Künstlerin, und ich, der ich zu wenig Kenner bin, um einer so geschickten Meisterin durch mein Urteil ein Kompliment zu machen, setze zu dem allgemeinen Urteil bloß hinzu, daß ich meine gute Mutter in diesem Bilde vollkommen wiederfand. Erst vor wenigen Tagen blieb Lavater, der auf seiner Durchreise bei mir einsprach, vor diesem Porträt stehen und huldigte der geschickten Hand, die es verfertigte … Wie sehr, Madame, würde ich mich freuen, wenn ich ein Pendant zu diesem Bilde von der nämlichen Hand erhalten könnte. Aber das ist, wie ich fürchte, ein unbescheidener Wunsch, und ich würde ihn auch in der Tat nicht gewagt haben, wenn nicht eine Versicherung von meinem Vater, daß Ew. Wohlgeb. nicht ganz dagegen abgeneigt wären, mir dazu Mut machte.«

Johann Caspar Schiller (1723–1796)
Öl auf Leinwand
Kopie von Otto Rasch, 1914, nach Ludovike Simanowiz, 1793

Das gewünschte Bildnis seines Vaters erhielt Schiller in Ludwigsburg zu seinem 34. Geburtstag. Am 8. November 1793 dankte er seinem Vater dafür: »Für Ihr, mit so wertes Bildnis danke ich Ihnen tausendmal, liebster Vater. So froh ich indes bin, daß ich dies Andenken von Ihnen habe, so viel froher bin ich doch, daß die Vorsehung mir vergönnt hat, Sie selbst zu haben und in Ihrer Nähe zu leben. Wir müssen aber diese Zeit etwas besser nützen und keine so lange Pause machen, ehe wir wieder zusammenkommen …«

Die Familie von Gleichen-Rußwurm übergab beide Gemälde dem Schiller-Nationalmuseum Marbach.

Zeus malt die Juno
Kupferstich von Francesco Bertolozzi (1727–1815) nach Angelica Kauffmann

Telemachos in Sparta
Kupferstich in Punktiermanier von William Wynne Ryland (1732–1783) nach Angelica Kauffmann, 1778

Die beiden Kupferstiche stammen aus Schillers Besitz und wurden im Jubiläumsjahr 1905 von seinem Enkel Ludwig von Gleichen-Rußwurm über die Weimarer Hofschauspielerin Rosa Lüdt dem Schillerhaus übergeben. Möglicherweise waren sie unter den in einem Brief an Körner aus dem Jahre 1791 erwähnten Blättern: »Ich möchte gern meiner Lotte etwas zum Kopieren verschaffen, denn sie ist jetzt voll Eifer fürs Zeichnen, und viele geschickte Künstler, auch Goethe, muntern sie auf, weil sie wirklich einiges Talent dazu hat. Einige Kupferstiche von Landschaften und einige Stücke von der Angelica Kauffmann habe ich mir schon verschrieben.«

Im Haus an der Esplanade pflegten besonders Charlotte und die Kinder ihre musischen Interessen.

Gitarre

Fichtenholz und Ahorn

Familienbesitz

Im Jahre 1851 übergab Freiherr von Gleichen-Rußwurm »die von meiner seligen Schwägerin, der verstorbenen Frau Bergrat Junot [Schillers Tochter Caroline] für das Schiller-Museum bestimmte Guitarre Schillers«.

Hammerklavier

Birnbaum

Familienbesitz

Das »Fortepiano« wurde 1850 von einem »Famulus Preller« für das Haus erworben.

Die Musik übte auf Schiller eine inspirierende und belebende Wirkung aus. Charlotte spielte zur »Freude und Anregung« Schillers, der selbst nicht musizierte, oft und gern auf diesen Instrumenten. Ihre Schwester Caroline von Wolzogen notierte dazu: »Schiller liebte sehr die Musik und hatte sie gern in einem Nebenzimmer, wenn er in seiner Arbeitsstube auf und ab ging und sich einer dichterischen Stimmung überließ. Dies bewog meine Schwester, noch weiteren Unterricht im Klavierspielen zu nehmen.«

Auch die Kinder des Dichters erhielten Klavierunterricht. Daniel Gottlieb Schlömlich »war täglich als Klavierlehrer in Schillers Haus und wurde oft von ihm aufgefordert, nach der Stunde noch in seinem Zimmer bei ihm zu verweilen und etwas vorzuspielen«.

Über dem Klavier:

Friedrich Schiller

Öl auf Leinwand von unbekannt, eventuell Johann Jakob Friedrich Langenhöffel (1750–1807), 1783/85 (?)

Im Jahre 1859 wurde das Bild von dem Maler Gustav Amberger bei einem Kunsthändler in Basel entdeckt. Der Weimarer Großherzog Carl Alexander erwarb das Porträt und stiftete es 1860 dem Schillerhaus mit der Maßgabe, es »in dem mittelsten Zimmer aufhängen lassen zu wollen«.

Die Aufschrift auf der Rückseite »Mein Schiller Mannheim 1787« deutet darauf hin, daß das Gemälde früher im Besitz von Charlotte von Kalb gewesen sein könnte.

Links neben der Tür steht auf einem **Empire-Tisch** aus Mahagoni Schillers **Tischuhr mit Pendel und Schlagwerk**. Sie wurde 1881 vom deutschen Konsul in San Francisco, dessen Mutter sie bei der Nachlaßauktion in Weimar erworben hatte, mit Eigentumsrecht der Schillerstiftung dem Haus zurückgegeben.

Über dem Tisch:

Johanna Dorothea Stock
Silberstiftzeichnung, Selbstbildnis, 1777

Dora Stock gehörte mit ihrem damaligen Verlobten Ludwig Ferdinand Huber (1764–1804) und ihrer Schwester Minna zu Körners Freundeskreis, der im Frühsommer 1784 Schiller einen begeisterten Huldigungs- und Einladungsbrief nach Mannheim sandte. Dem Brief lagen die vier von Dora gezeichneten Porträts der Absender, eine von Minna bestickte Brieftasche sowie eine Komposition zu den »Räubern« von Körner bei. An Henriette von Wolzogen schrieb Schiller im Mai 1784: »... die andere [Dora] hat sich und drei andere Personen gezeichnet, und alle Zeichner in Mannheim wundern sich über die Kunst«, und im Februar 1785 bemerkte er in einem Brief an die Freunde, es erfülle ihn mit großer Eitelkeit, vielleicht von Dora gezeichnet zu werden.

Dora Stock, eine der ersten Berufsmalerinnen in Deutschland, porträtierte Schiller, für den sie viel Sympathie empfand, am Ende seines Dresdner Aufenthalts und kopierte später das Schillerbildnis von Graff.

Rechts und links daneben:

Christian Gottfried Körner (1756–1813); **Anna Maria Jakobine (Minna) Körner, geb. Stock** (1762–1843)
Öl auf Pappe von Emma Sophie Körner (1788–1815) nach Johanna Dorothea Stock

Im April 1785 nahm Schiller – gesundheitlich angegriffen, verschuldet und ohne weitere Anstellung als Theaterautor – eine von Christian Gottfried Körner und seinem Kreis ausgesprochene Einladung nach Leipzig (später Dresden) an.

Körner befreite Schiller nicht nur von der drückenden Schuldenlast, er bot ihm auch die Möglichkeit, sich frei von materiellen Sorgen ganz dem Dichterberuf zu widmen und eine künstlerische Existenz zu gründen.

Die Integration in den Dresdner Freundeskreis, der harmonische Umgang mit gleichgesinnten, ihm sympathischen Menschen wirkte wohltuend auf Schillers seelische Verfassung, stärkte sein Selbstbewußtsein als Dichter und belebte sein poetisches Schaffen. Als künstlerische Zeugnisse dieser Zeit sind die Hymne »An die Freude« und das in Dresden vollendete Drama »Don Karlos« zu nennen. Mit Körner gewann Schiller einen lebenslangen Freund und einen klugen und kritischen Partner im geistigen Austausch.

Beide Miniaturen wurden 1913 aus dem Nachlaß von Körners Pflegesohn für das Schillerhaus angekauft.

Darüber:
Charlotte Schiller
Öl auf Leinwand
Kopie von Otto Rasch, 1914, nach Ludovike Simanowiz, 1794

In einem Brief vom Juni 1794 dankte Schiller der Künstlerin für die Bildnisse, die sie von ihm und seiner Frau gemalt hatte: »Ich schäme mich in der Tat, meine vortreffliche Freundin, Ihnen für die Mühe, die Sie mit unseren Portraits gehabt, und für die Zeit, die Sie dabei verloren, die geringe Belohnung anzubieten, die in meinen Kräften steht. Seien Sie indessen nachsichtig und nehmen die einliegende Kleinigkeit als Erstattung für die Farbe und die Leinwand an; denn die Kunst kann und will ich Ihnen nicht bezahlen. Wie sehr wünschte ich in diesem Augenblick, daß meine Kräfte meinen Wünschen möchten angemessen sein!«

Nähtisch
Birke, gemasert, mit rechteckiger, klappbarer, von einem Mäanderfries eingefaßter Platte, mit schwarzem Holz und Bronzebeschlägen verziert, Empire
Schillers Besitz

Charlotte von Schiller schenkte das Tischchen Schillers Diener Rudolph zur Hochzeit. Sein Enkel Karl Hagen aus Weimar bezeugte, daß der »Tisch Schillers Besitztum war und von diesem benutzt wurde und nach seinem Tode von Frau von Schiller seinem sel. Großvater mütterlicherseits, dem als Hofkassierer im Jahre 1840 allhier verstorbenen Georg Gottfried Rudolph, welcher Schiller lange treu gedient und ihn in seiner letzten Krankheit mit gepflegt hatte, nebst verschiedenen andern Sachen geschenkt wurde«. Im Jahre 1892 kam der Nähtisch als Geschenk in das Schillerhaus zurück.

Rokoko-Spiegel
vergoldet, mit eingelegter gestochener Landschaft
Schillers Besitz
Großherzogin Sophie von Sachsen-Weimar-Eisenach übergab 1890 dieses Nachlaßstück dem Schillerhaus.

An der Wandfläche links:
Aussicht auf den Comer See von Cadenabbia
Kolorierte Radierung von Georg Melchior Kraus, 1797

Rechts:
Ansicht von Bellagio am Comer See von der Anhöhe bei Cadenabbia
Kolorierte Radierung von Georg Melchior Kraus, 1797
Charlotte von Schiller schenkte die beiden Landschaftsdarstellungen ihrer

Freundin Karoline Kirms, deren Nichte Charlotte Krackow übereignete sie 1909 dem Schillerhaus.

Der Maler, Radierer und Kupferstecher Georg Melchior Kraus, erster Direktor der 1776 gegründeten »fürstlich freien Zeichenschule«, gehörte seit 1787 zu Schillers Weimarer Bekanntenkreis.

Auf der klassizistischen **Kommode** aus Mahagoni:

Friedrich Schiller

Büste mit antiker Gewandung von Johann Heinrich Dannecker, Gipsabguß, 1794

Als Schiller im September 1793, elf Jahre nach seiner Flucht aus Stuttgart, wieder württembergischen Boden betrat, kam es in den rund acht Monaten seines Aufenthaltes zu vielen Wiederbegegnungen mit Jugendfreunden, so auch mit seinem Karlsschulkameraden Johann Heinrich Dannecker.

»Unter den Künstlern ist Dannecker, ein Bildhauer, bei weitem der beste. Ein wahres Künstlergenie, den ein vierjähriger Aufenthalt in Rom vortrefflich gebildet hat … Sein Umgang tut mir gar wohl, und ich lerne viel von ihm. Er modelliert jetzt meine Büste, die ganz vortrefflich wird«, berichtete Schiller seinem Dresdner Freund Körner und fügte bedauernd hinzu, daß sie bis zu seiner Abreise nicht fertig sein werde.

Am 5. Oktober 1794 traf die lebensgroße Gipsbüste, mit der Dannecker nach eigenen Angaben den Ausdruck Schillers im Augenblick des Wiedersehens hatte festhalten wollen und in die er selbst »wie ein Narr verliebt« sei, »glücklich und ohne den geringsten Fehler« in Jena ein.

Der Dichter bestätigte den Erhalt mit den Worten: »… ich kann Dir nicht genug für die Freude danken, lieber Freund, die Du mir damit gemacht hast. Ganze Stunden könnte ich davor stehen und würde immer neue Schönheiten an dieser Arbeit entdecken. Wer sie noch gesehen, der bekennt, daß ihm noch nichts so Ausgeführtes, so Vollendetes von Skulptur vorgekommen ist.«

Eine mit Schiller abgestimmte Marmorausführung der Porträtplastik vollendete Dannecker erst nach dem Tode des Dichters. Am 12. März 1806 schickte er die lebensgroße Marmorbüste mit den Worten nach Weimar: »Mich soll es unendlich freuen, wenn man in Weimar damit zufrieden ist; ich glaube, daß diese Büste für die Familie am interessantesten sein wird, weil sie so streng nach der Natur verfertigt ist.« Bis zum Tod von Schillers Frau stand die Plastik im Schillerhaus, danach erwarb sie der Weimarer Herzog für die Bibliothek, wo sie heute noch ihren Platz hat.

Darüber:

Sturmlandschaft mit zwei Reitern

Kupferstich von Johann Christian Reinhart (1761–1847), um 1800
Der Stich trägt folgende Widmung:
»Friderico Schiller: / Ingenio, arte, virtute illustri« (Für Friedrich Schiller, den durch Geist, Kunst und Tugend Berühmten).

Als »sicheres Zeichen unveränderter Anhänglichkeit« und in Erinnerung an die »gemeinsam verlebten glücklichen« Sommermonate des Jahres 1785 in Gohlis sandte der in Rom lebende Maler und Radierer Reinhart seinen Schiller gewidmeten Kupferstich 1801 nach Weimar. Einige Tage nach dem Erhalt des Blattes, das zu den Höhepunkten in Reinharts künstlerischer Entwicklung zählt, antwortete Schiller dem Freund am 15. Juni 1801: »Wie sehr, mein lieber alter Freund, erfreute mich der Beweis seines Andenkens und seiner fortwährenden Freundschaft; auch mir ist das Bild des guten treuen Reinhart immer lebendig geblieben, und jeder Wanderer aus Rom mußte mir von ihm erzählen. … Tausend Dank, lieber Alter, für die schöne Landschaft und für die Ehre, die Er mir dabei erwiesen hat. Ich hatte schon längst vernommen, daß Er seinen Aufenthalt zu Rom recht gut benutzt hat, und freue mich nun doppelt, den Beweis davon in Händen zu haben. Aber auch ihn selbst wünschte ich recht herzlich wieder zu sehen und mich ihm als Hausvater zu präsentieren. Ich habe zwei Jungen, davon der älteste schon acht Jahr ist und brav lernt, und ein Mädchen von anderthalb Jahren; alle drei machen mir große Freude und geben mir eine neue Existenz.«

Der briefliche Kontakt wurde weiter aufrechterhalten, der Wunsch nach einer erneuten persönlichen Begegnung erfüllte sich jedoch nicht.

Links neben der Verbindungstür:

The Battle at Bunker's Hill, near Boston. June 17th 1775

(Die Schlacht bei Bunkershill in der Nähe von Boston, 17. Juni 1775)
Kupferstich von Johann Gotthard Müller (1747–1830), 1795–1797, nach dem Gemälde von John Trumbull (1756–1843), 1787
Schillers Besitz

Johann Gotthard Müller wirkte als Professor und Leiter der Kupferstichklasse an der Akademie, als Schiller ihn 1794 in Stuttgart kennenlernte. Im Frühjahr 1801 traf Schiller erneut mit Müller zusammen, der seine Reise zur Leipziger Buchmesse in Weimar für einige Tage unterbrach.

Müllers Kupferstich, der zu seinen Hauptwerken zählt und bereits 1797 von Goethe als »in seinen Teilen fürtrefflich gestochen« beschrieben wurde, empfing Schiller vermutlich kurz nach Weihnachten 1801. Für dieses bemerkenswerte Geschenk dankte Schiller am 3. Januar 1802: »Sie haben mich und meine Frau mit Ihrem trefflichen Meisterwerke auf eine so angenehme Art überrascht, daß ich es Ihnen nicht beschreiben kann. Ich bin in der Tat in Verlegenheit, wertester Herr Professor, wie ich ein so großes Geschenk, das ich auf keine Art zu erwidern weiß, annehmen darf, und nur indem ich seinen innern hohen Wert vergesse und es bloß als ein Pfand Ihrer Gewogenheit und als ein wertes Andenken von Ihnen betrachte, wage ich dasselbe anzunehmen. Da es des Künstlers höchste Genugtuung ist, daß sein Verdienst gewürdiget und gehörig empfunden wird, so kann ich Ihnen wenigstens durch die große Freude, die mir dieses Werk macht, dafür danken; es wird mich, so oft ich es ansehe, an den größten Meister in seiner Kunst und an den liebenswürdigen edlen Urheber erinnern und mir die angenehmen Tage, die er hier in unserm Zirkel uns geschenkt hat, ins Gedächtnis zurückrufen.

Damit aber doch auch etwas unter Ihren Augen sein möge, was Sie an mich als Ihren dankbaren Verehrer erinnere, so erlauben Sie mir, beiligende Kleinigkeit in Ihrer Bibliothek aufstellen zu dürfen.

Möge Ihnen der Himmel die ununterbrochene Gesundheit und jede häusliche Freude schenken! Dies ist der herzliche Wunsch Ihres verbundensten Dieners Schiller.«

Schiller ließ das Blatt mit der Darstellung des ersten bedeutenden Gefechts im Amerikanischen Unabhängigkeitskrieg umgehend rahmen und notierte am 15. Januar im Kalender: »Für Glas und Rahmen zu Müllers Kupferstich habe bezahlt 8 [Reichstaler] 12 [Groschen].«

Der **Ofen** mit Tonaufsatz ist eine Arbeit aus der Toreutika-Fabrik von Martin Gottlieb Klauer um 1800.

Arbeits- und Sterbezimmer

Die unmittelbar nach dem Einzug begonnenen Bauarbeiten zielten letztlich auf die Schaffung optimaler Arbeitsbedingungen. In seinem Arbeitszimmer ließ Schiller unter Ausnutzung der Dachschräge Bücherregale einbauen, um dort einen Teil seiner Bibliothek unterzubringen. Ein in die Giebelwand gebrochenes Fenster gewährleistete günstigere Lichtverhältnisse bei der Arbeit. Die ganz dem Charakter des Raumes angepaßten funktionsgebundenen Veränderungen fanden in den von Schiller gewählten karmesinroten Vorhängen eine stimmungsvolle Ergänzung. Caroline von Wolzogen und der Schauspieler Jacob Graff überlieferten in ihren Erinnerungen, »daß der rötliche

Schimmer belebend auf seine produktive Stimmung wirkte«. Und die Weimarer Jahre waren für den Dramatiker Schiller eine höchst produktive Zeit.

Der große Bühnenerfolg des »Wallenstein« in Weimar und Berlin bestärkte Schiller in seiner Entscheidung, sich künftig »ganz ausschließlich an das Dramatische [zu] halten« und Bühnenstücke von neuer künstlerischer Qualität zu schaffen. An dramatischen Plänen, interessanten Themen und künstlerischen Ideen mangelte es Schiller nicht. Um 1799 begann er mit dem Aufstellen einer Liste dramatischer Vorhaben, die bis 1804 ergänzt wurde und die Vielzahl der Stoffe, Projekte und künstlerischen Ideen detailliert erfaßte.

Bereits 1800 vollendete er sein Trauerspiel »Maria Stuart« und ein Jahr später die romantische Tragödie »Die Jungfrau von Orleans«. Beide Positionen strich Schiller als erledigt im Dramenplan durch. In seiner neuen Wohnumwelt setzte er im engsten Kontakt mit der Bühne und unter fruchtbarer Anteilnahme Goethes seine »Dramenreihe« fort; sein hochgestecktes Ziel war es, jedes Jahr ein neues Stück zu schreiben. Im Sommer 1802 begann der Dichter in »produktiver Einsamkeit« mit der Niederschrift seines Werkes »Die Braut von Messina«. Die Arbeit an dem Trauerspiel ging zunächst sehr langsam voran, kam durch Krankheit ins Stocken, wurde aber von Oktober 1802 an zügig fortgesetzt. Am 15. November berichtete er Körner erfreut: »Die Hauptsache ist der Fleiß, denn dieser gibt nicht nur die Mittel des Lebens, sondern er gibt ihm auch seinen alleinigen Wert. Ich habe seit 6 Wochen mit Eifer und mit Sukzeß wie ich denke gearbeitet. Von der Braut zu Messina sind 1500 Verse bereits fertig.« Trotz seines labilen Gesundheitszustandes, der Schiller oft zu wochenlangem Pausieren zwang, konnte er bis 1. Februar 1803 sein Werk abschließen. »Am 19. März 1803 fand die erste Darstellung der ›Braut von Messina‹ statt. Vier Wochen vorher hatte man mit den Leseproben, deren sechs gehalten wurden, begonnen, und diesen folgten noch acht Theaterproben«, erinnerte sich der Schauspieler Anton Genast.

Im gleichen Jahr schrieb Schiller seine letzte Ballade, »Der Graf von Habsburg«, die 1804 im »Taschenbuch für Damen« erschien. Am 16. Juli 1803 teilte er Körner mit: »Mich freut's, daß Euch meine Ballade von Rudolf von Habsburg lieb geworden ist. Ich bin selbst mit der Art, wie ich diese Anekdote genommen und eingekleidet habe, besonders zufrieden.« Schillers Arbeitsmethode zeichnete sich durch genaue und exakte Vorarbeiten aus; diese hatten das Ziel, durch gründliches Quellenstudium Informationen und Kenntnisse beispielsweise über historische Vorgänge und Zusammenhänge, über Natur und geographische Lage, über Lebensweise und Lebensart der Menschen zu erlangen. Das zusammengetragene Material – Studien, Exzerpte, Daten – sammelte er systematisch und ordnete es teilweise in Mappen.

Ein besonders plastisches Bild von Schillers Schaffensweise vermittelte Goethe 1820 in einem Gespräch über die Entstehung des »Wilhelm Tell«: »Schiller stellte sich die Aufgabe, den ›Tell‹ zu schreiben. Er fing damit an, alle Wände seines Zimmers mit soviel Spezialkarten der Schweiz zu bekleben, als er auftreiben konnte. Nun las er Schweizer Reisebeschreibungen, bis er mit Weg und Stegen des Schauplatzes des Schweizer Aufstandes auf das genaueste bekannt war. Dabei studierte er die Geschichte der Schweiz; und nachdem er alles Material zusammengebracht hatte, setzte er sich über die Arbeit, und buchstäblich genommen stand er nicht eher vom Platze auf, bis der ›Tell‹ fertig war. Überfiel ihn die Müdigkeit, so legte er den Kopf auf den Arm und schlief. Sobald er wieder erwachte, ließ er sich nicht, wie ihm fälschlich nachgesagt worden, Champagner, sondern starken schwarzen Kaffee bringen, um sich munter zu halten. So wurde der ›Tell‹ in sechs Wochen fertig; er ist aber auch wie aus *einem* Guß!«

Goethe nahm regen Anteil an der Fertigstellung des »Wilhelm Tell«. War er es doch gewesen, der sich, angeregt durch seine dritte Schweizer Reise im Jahre 1797, mit der Idee eines Tell-Epos beschäftigt hatte. Noch während des Schweizer Aufenthalts hatte Goethe Schiller über sein neues poetisches Vorhaben informiert, das nach seiner Rückkehr von beiden Dichtern erörtert worden war. Doch Goethe verwirklichte seine Absicht nicht. Schiller dagegen begann schließlich Neigung und Interesse für den Stoff zu empfinden und bat seinen Verleger Cotta um Bücher, Landkarten und Abbildungen über die Schweiz. Nach der Lektüre von Johannes von Müllers Werk zur Schweizer Geschichte am Ende des Jahres 1801 und von Tschudis »Chronicon Helveticum« im März 1802 reifte in Schiller der Entschluß, Wilhelm Tell dramatisch zu bearbeiten. Am 10. März 1802 teilte er Goethe mit, daß er sich vom Tell-Stoff »mit einer Kraft und Innigkeit angezogen« fühle, wie es ihm »lange nicht begegnet« sei. Nach dem Abschluß und der Uraufführung der »Braut von Messina« konnte er sich mit ganzer Kraft seinem neuen Stück widmen. Von Anfang an war er bei der konzeptionellen Anlage des Dramas auf eine bühnengerechte Wirkung bedacht. Neben Goethe zählte deshalb auch der Berliner Intendant Iffland zu seinen Dialogpartnern. Am 25. August 1803 begann Schiller mit der Ausführung des »Wilhelm Tell«. Ende des Jahres schilderte er in einem Brief an Iffland den Fortgang der Arbeit: »Wenn ich gesund bleibe, auch nur leidlich, so werde ich gewiß in den ersten Wochen des März fertig. ... Gern wollte ich Ihnen das Stück aktenweise zuschicken, aber es entsteht nicht aktenweise, sondern die Sache erfordert, daß ich gewisse Handlungen, die zusammengehören, durch alle fünf Akte durchführe und dann erst zu andern übergehe. So steht z. B. der Tell selbst ziemlich für sich in dem Stück, seine Sache ist eine Privatsache und bleibt es, bis sie am Schluß mit der öffentlichen Sache zusammengreift.«

Intensiv arbeitend, keine Ablenkung duldend, konnte Schiller bis zum 13. Januar 1804 den 1. Aufzug abschließen und am gleichen Tag Goethe mit der Bitte um sein Urteil zuleiten: »Indem ich mich erkundige, wie es mit Ihrer Gesundheit steht, frage ich zugleich an, ob Sie sich gestimmt und aufgelegt fühlen, von etwas Poetischem Notiz zu nehmen. Denn in diesem Fall wollte ich Ihnen den großen ersten Akt des ›Tell‹ zuschicken, welchen ich an Iffland abzusenden gedrungen werde und nicht gern ohne Ihr Urteil aus den Händen geben möchte.«

Goethe antwortete noch am gleichen Tag: »Das ist denn freilich kein erster Akt, sondern ein ganzes Stück, und zwar ein fürtreffliches, wozu ich von Herzen Glück wünsche und bald mehr zu sehen hoffe. Meinem ersten Anblick nach ist alles so recht, und darauf kommt es denn wohl bei Arbeiten, die auf gewisse Effekte berechnet sind, hauptsächlich an. Zwei Stellen nur habe ich eingebogen: bei der einen wünschte ich, wo mein Strich läuft, noch einen Vers, weil die Wendung gar zu schnell ist. [–] Bei der andern bemerke ich so viel: der Schweizer fühlt nicht das Heimwehe, weil er an einem andern Orte den Kuhreigen hört, denn der wird, so viel ich weiß, sonst nirgends geblasen, sondern eben weil er ihn nicht hört, weil seinem Ohr ein Jugendbedürfnis mangelt. Doch will ich dies nicht für ganz gewiß geben.«

Am 18. Februar 1804 trug Schiller in seinen Kalender ein: »Den Tell geendigt«, und einen Tag später übergab er Goethe das fertige Werk mit einem Vorschlag über die Rollenbesetzung. Die Uraufführung fand am 17. März am Weimarer Hoftheater statt, die Berliner Erstaufführung folgte am 4. Juli. Die ersten Buchexemplare des »Wilhelm

Tell« trafen am 8. Oktober in Weimar ein; der Verleger Cotta hatte eine Auflage von 700 Exemplaren drucken lassen.

Dem »Tell« schloß sich als letztes von Schiller vollendetes Werk »Die Huldigung der Künste« an, ein lyrisches Spiel, das zum Empfang der russischen Großfürstin und späteren Großherzogin von Sachsen-Weimar-Eisenach, Maria Pawlowna (1786–1859), verfaßt wurde.

»Mich zum Demetrius entschlossen«, notierte Schiller am 10. März 1804 in seinem Kalender. »Die Bluthochzeit von Moskau« war bereits in seinem Dramenplan als ein künftiges Vorhaben vermerkt. »Beständiges Kranksein« – Koliken und Fieberanfälle – brachten Schillers Tätigkeit mitunter ganz zum Erliegen. Sein Wille, das »neue Stück« zu vollenden, blieb jedoch trotz aller gesundheitlichen Belastungen ungebrochen.

Umfangreiche Vorstudien mit Entwürfen und Skizzen sowie konzeptionelle Überlegungen waren abgeschlossen, der erste und der Anfang des zweiten Aktes ausgeführt, als Schiller vom 1. Mai 1805 an gesundheitlich so geschwächt war, daß er die Arbeit an dem Stück nicht mehr fortführen konnte. Schillers letztes Drama blieb Fragment.

Neben den großen dramatischen Vorhaben rückten in den letzten Lebensjahren im Zusammenhang mit Schillers wiedergewonnenem Interesse an theaterpraktischer Tätigkeit Übersetzungen und Bühnenbearbeitungen stärker in den Vordergrund. In unmittelbarem Kontakt zum Weimarer Theater entstanden Bearbeitungen von Shakespeares »Macbeth«, Lessings »Nathan dem Weisen« und Goethes »Iphigenie auf Tauris«, die zu dem angestrebten künstlerisch wertvollen Repertoire beitragen sollten.

Neben Schillers Absicht, den Spielplan zu verbessern, spielten dabei materielle Erwägungen durchaus auch eine Rolle. Körner gegenüber bekannte der Dichter: »Einträglich ist diese Art zu arbeiten weit mehr, als die eigene Produktion je werden kann, weil diese immer so viel Zeit wegnimmt.«

Im Mai 1803 übertrug Schiller »zur Erholung und um der theatralischen Novität« willen die Lustspiele »Der Neffe als Onkel« und »Der Parasit« von Louis Benoît Picard und richtete sie für die Weimarer Bühne ein, wo sie im Mai bzw. Oktober zur Aufführung kamen. Während der Ausarbeitungen zum »Demetrius« übersetzte Schiller »in Stunden, wo er sich zu eigenen Dichtungen nicht heiter genug fühlte«, das Trauerspiel »Phädra« von Jean Baptiste Racine. Unter dem 2. Januar 1805 notierte Goethe in seinem Kalender: »Abends bei Schiller, 3 Akte der Phädra«, und drei Tage später fand die Erstaufführung von Schillers Bearbeitung an der Weimarer Bühne statt.

Von seiner Schriftstellerwerkstatt aus hielt der häufig zu einer »Stubenexistenz« gezwungene Schiller durch eine umfangreiche Korrespondenz Kontakt zu seinen Freunden und Bekannten im In- und Ausland. Er redigierte und korrigierte Bühnenmanuskripte eigener und fremder Werke, die er nach Anforderung und gegen Honorar an verschiedene Theater sandte, und bemühte sich um eine angemessene Ausgabe seiner Werke. So vereinbarte er beispielsweise mit seinem Stuttgarter Verleger Cotta die Herausgabe einer fünfbändigen Sammlung seiner Theaterstücke. Ende 1804 unterbreitete er den Vorschlag für das Ordnungsschema der Sammlung und begann im Januar 1805 erste überarbeitete Manuskriptbogen zu liefern. Der Druck der Ausgabe verzögerte sich jedoch, und der erste Band erschien erst einige Zeit nach Schillers Tod.

Das Arbeitszimmer ist der authentischste Raum des Mansardgeschosses, Mobiliar, Kunstwerke und Gebrauchsgegenstände stammen fast ausschließlich aus Schillers Besitz.

Die sparsame, aber betont zweckgebundene Möblierung wurde von Schiller ganz der Funktion des Raumes und seinen persönlichen Erfordernissen angepaßt.

Schreibtisch und **Bibliothek** bilden zusammen eine funktionale Einheit und vermitteln die für diesen Raum typische Arbeitsatmosphäre. Schillers Schaffensweise entsprach es, daß Arbeitsplatz und Bibliothek unmittelbar beisammenlagen. Der Buchbestand des Dichters hat sich nicht im ganzen Umfang in Weimar erhalten. Erfaßt und ausgestellt sind 259 Titel mit mehr als 400 Bänden.

Schillers eigene Werke und Schriften – größtenteils Erstausgaben – sind mit 30 Titeln vertreten. Einige davon erschienen mit Illustrationen versehen in damals sehr beliebten und populären Taschenbüchern, Almanachen oder Kalendern. So wurden beispielsweise Goethes und Schillers Balladen im »Musenalmanach für das Jahr 1798« oder »Die Jungfrau von Orleans« im »Kalender auf das Jahr 1802« veröffentlicht. An Schillers Tätigkeit als Herausgeber und Publizist erinnern u. a. die Hefte und Bände der Zeitschrift »Thalia« bzw. »Neue Thalia« (1786–1791; 1791–1795) und der literarischen Monatsschrift »Die Horen« (1795–1797).

Neben Werken deutscher Schriftsteller – u.a. von Klopstock, Wieland, Goethe, Kleist, F. Schlegel – ist auch die englische, französische und italienische, ja sogar die indische und chinesische Literatur präsent.

Einen auffallend breiten Raum nehmen die Werke zur europäischen Geschichtsschreibung ein. Sie bezeugen Schillers großes Interesse an geschichtlichen Entwicklungen und Zusammenhängen.

Bereits 1788 und 1790 trat er mit seinen Werken »Geschichte des Abfalls der vereinigten Niederlande von der spanischen Regierung« und »Geschichte des Dreißigjährigen Krieges« als Geschichtsschreiber an die Öffentlichkeit. Für seine Weimarer Dramen wählte er mit Vorliebe historische Stoffe. Wilhelm von Humboldt berichtete nach Schillers Tod einem Freund: »… gerade in seiner spätesten Zeit ist die Lust zur Geschichte nicht in ihm erloschen. Er sprach mir, als ich ihn das letztemal im Herbst 1802 sah, mit leidenschaftlicher Wärme von dem Plan einer Geschichte Roms, den er sich für höhere Jahre aufsparte …«

Die von Schiller hochgeschätzten Werke der griechischen und römischen Literatur sind in einer kleinen Abteilung vorhanden. Unter ihnen befindet sich eine Ausgabe, die an eine der ersten Bucherwerbungen Schillers erinnert: zusammen mit Übersetzungen von Shakespeares Schauspielen kaufte er am 20. Mai 1782 den »Plutarch« in der Übersetzung von Gottlob Benedikt von Schirach.

Reisebeschreibungen, Lexika, Biographien und Memoiren, Schriften zur Naturwissenschaft und Theologie sind ebenfalls in der Büchersammlung vertreten. In mehreren Exemplaren finden sich handschriftliche Bemerkungen der Erben. So ist beispielsweise auf dem letzten Blatt von Homers »Odyssee«, übersetzt von Johann Heinrich Voß (1781), folgende Eintragung zu lesen: »Schiller gehörend und immer von ihm besonders gelesen, Emilie v. Gleichen geb. Schiller. Ist das Exemplar, woraus Schiller Carolinen und Lotten vorlas, wovon in Schiller und Lotte die Rede ist. Heilig aufzuheben!«

Andere Inschriften weisen die Bücher als Geschenke der Autoren aus. Auf dem Titelblatt des ersten Bandes von Wielands Roman »Geheime Geschichte des Philosophen Peregrinus Proteus« ist vermerkt: »Seinem Schiller von dem Verf.« Im Band 1 von »Wilhelm Meisters Lehrjahren« notierte Emilie von Gleichen-Rußwurm: »Dieses Exemplar bekam Schiller von Goethe zum Geschenk. Es war immer in Lottens Händen nach Schillers Tod. Mir hat es Bruder Karl geschenkt 1856.«

Die Bibliothek enthält auch eine Reihe von Büchern, die sich durch Inhalt oder Eintragungen der Büchersammlung von Charlotte von Schiller zugehörig erweisen. Da beide Bibliotheken in Weimar nicht mehr vollständig erhalten sind, wurden Charlottes Bücher in Schillers Bibliothek integriert. Der überwiegende Teil der Bücher ist – typisch für die damalige Zeit – schlicht und schmucklos eingebunden.

Nach dem Tod von Schillers Witwe Charlotte 1826 erbten die Söhne die Bibliothek. Der weitaus größere Teil von Schillers Bibliothek blieb in Familienbesitz. Im Jahre 1859 ist sie bei »Freifrau von Schiller in Stuttgart« nachweisbar, 1870 besaß Schillers Enkel Friedrich die Bücher. Die letzten Besitzer, die Freiherren Ludwig und Alexander von Gleichen-Rußwurm, übergaben sie 1889 Großherzogin Sophie von Sachsen-Weimar-Eisenach.

Im Bücherregal:
Antike Gemmen
Gipsabgüsse im Holzkasten mit Schüben

In der Ecke zwischen Schreibtisch und Bücherregal haben Schillers **Degen** ihren Platz gefunden. Der für die Besuche bei Hofe ausersehene Degen mit reicher Griffverzierung wurde von dem englischen Schiller-Biographen Thackeray in Weimar gekauft und von der Witwe Bayard Taylors 1879 dem Schillerhaus geschenkt. Durch Vermittlung des Weimarer Herzogs Carl August war Schiller 1802 in den Adelsstand erhoben worden. »Von Wien habe ich jetzt mein Adels-Diplom in optima forma erhalten«, teilte er im November Cotta nach Stuttgart mit und fuhr fort: »Die Anregung zu dieser Sache ist vom Herzog von Weimar geschehen, der mir dadurch etwas Angenehmes erzeigen und meine Frau, welche bisher nicht nach Hof gehen konnte, auf einen gleichern Fuß mit meiner Schwägerin setzen wollte; denn es hatte etwas Unschickliches, daß von 2 Schwestern die eine vorzüglichen Rang am Hofe, die andre gar keinen Zutritt zu demselben hatte. … und es könnte auch in der Folge auf die Versorgung meiner Kinder einen guten Einfluß haben. Sie können übrigens leicht denken, daß mir, für meine eigene Person, die Sache ziemlich gleichgültig ist.«

Die Einrichtung des Zimmers kommt dem Originalzustand während der letzten Lebensmonate des Dichters sehr nahe. Die fortschreitende

Krankheit mit zunehmenden Anfällen und Krämpfen veranlaßte Schiller, seine Bettstelle in dem nach Süden gelegenen und heizbaren Raum aufzustellen.

Das schlichte **Bett** aus Fichtenholz, in dem Schiller am 9. Mai 1805 nach langer und schwerer Krankheit verschied, konnte bereits 1847 in das Haus zurückgeführt werden.

»Mit wahrer Freude habe ich vernommen, daß der wohllöbliche Rat dieser Stadt das Schillerhaus gekauft hat und seines ehemaligen Besitzers würdig einzurichten gedenkt. Da ich mich im Besitze der Bettstelle Schillers, in welcher er gestorben, befinde, so gereicht es mir zum besonderen Vergnügen, dieselbe dem hiesigen wohllöblichen Stadtrate mit der Bitte zu übergeben, ihr in dem ehemaligen Wohnhause des Besitzers einen würdigen Platz einzuräumen.

Belvedere, den 3. August 1847 Carl Alexander

Großherzog v. Sachsen«

Das neben dem Bett stehende **Barocktischchen** – wohl als Nachttischchen benutzt – aus dem Nachlaß des Dichters übergab 1882 die weimarische Erholungsgesellschaft.

Im Jahre 1841 erwarb die Weimarer Großherzogin Maria Pawlowna von Diener Rudolphs Witwe mehrere Möbelstücke aus »Schillers Hinterlassenschaft«, die sie Jahre später dem Schillerhaus hinterließ:

Neben dem Regal an der Südwestseite:

Tisch
aus Fichtenholz

Vor dem Schreibtisch:

Arbeitsstuhl
Buchenholz, mit hochgezogener, durchbrochener Lehne und lederbezogenem Sitzpolster

Neben dem Bett:

Wandspiegel
mit rosettenbesetztem Holzrahmen

Neben dem Ofen:

Lehnstuhl
aus Rotbuche

In ihm soll Schiller oft Erholung suchend gesessen haben.

Anziehungspunkt des Zimmers und wichtigstes Möbelstück ist der

Schreibtisch
Apfelbaumholz, furniert, Klassizismus

In einem Brief von 1850 bezeugte Schillers Sohn Karl u. a., daß der Schreibtisch, der zu Lebzeiten des Dichters »wohlgeordnet sein mußte«, vor dem mittleren Bücherbrett gestanden hat. Ein Schreibtisch gehörte bereits in Jena zu Schillers Wohnmilieu. »Eine Schreibkommode habe ich mir selbst machen lassen, die mir zwei Caroline kostet und die gewiß auf drei zu stehen kommen würde. Dies ist, wonach ich längst getrachtet habe, weil ein Schreibtisch doch mein wichtigstes Meuble ist und ich mich immer damit habe behelfen müssen«, teilte Schiller fast entschuldigend im Mai 1789 Körner mit.

Bis zu seinem Tod befand sich der Schreibtisch im Besitz von Schillers Sohn Karl. Dank der Vermittlung des Weimarer Großherzogs Carl Alexander überließ Schillers Enkel Carl Friedrich von Schiller 1862 den Schreibtisch, »welcher beim Tode des Dichters in seinem Wohn- und Sterbezimmer stand«, dem Schillerhaus Weimar.

Auf dem Schreibtisch:

Tintenfaß – Federkiel – Handleuchter – Briefbeschwerer – Papierschere

Tabakdose

Sie weist darauf hin, daß Schiller gewohnheitsmäßig schnupfte und auch rauchte. Goethe verabscheute diese Angewohnheit, tolerierte sie aber bei dem Freund.

Himmelsglobus
mit symbolischer Darstellung der 12 Sternbilder des Tierkreises.

Schiller besaß den Globus vermutlich schon während seines Fluchtaufenthaltes in Oggersheim.

Tischuhr
Um 1800
Sie wurde aus dem Nachlaß der Tochter Caroline Junot 1937 für das Haus erworben.

Monolog der Marfa
aus dem II. Akt des »Demetrius«, Faksimile

Diese Manuskriptseite soll Schillers Schwager am 9. Mai 1805 auf dem Schreibtisch vorgefunden haben.

Gottlieb Samuel Treuer:
Einleitung zur Moskowitischen Historie
Von Schiller benutztes Quellenwerk, Nachbildung

Drei lederbezogene schlichte **Stühle** (um 1800) mit durchbrochener Rückenlehne aus Schillers Besitz gehören noch zum Mobiliar des Raumes.

Die wenigen dekorativen Gegenstände fügen sich organisch in das Gesamtensemble der Innenausstattung. Kupferstiche schmücken die Wände des Raumes; die meisten dieser Bilder hat Schillers ältester Sohn Karl 1850 dem Haus als Geschenk überlassen.

Ansicht der Insel und Stadt Lipari, von der Morgen-Seite
Kolorierte Radierung von Konrad Horny (1764–1807)nach Georg Melchior Kraus, 1795

Ansicht der Stadt Palermo und des Berges Pellegrino
Kolorierte Radierung von Konrad Horny nach Georg Melchior Kraus, 1795

Ansicht des Ätna
Kolorierte Radierung von Konrad Horny nach Georg Melchior Kraus, 1795

The Birth of Shakespeare
Punktierstich (Rötel) von Francesco Bertolozzi nach Angelica Kauffmann, 1782

Im Begleitbrief zur Schenkung gab Karl von Schiller an, wo die Stiche zu Lebzeiten des Vaters hingen: »Beifolgende Gegenstände sind aus dem Nachlasse meines seligen Vaters, nämlich eine Dose, die derselbe gebrauchte, eine Weste und vier Kupferstiche, welche in seinem Arbeitszimmer hingen. Die drei Stück von Kraus hatten hellbraune schmale Rahmen mit goldenen Rosetten, der rote englische Kupferstich hatte einen schwarzen Rahmen mit Goldleisten, leider bin ich nicht in den Besitz dieser vier Rahmen gekommen. Die Landschaften hingen … zwischen dem Ofen und den beiden Türen, der dritte über dem Bette u. der englische Kupferstich rechts von der Türe zwischen dieser und dem Bücherständer. Diese Notiz diene dazu, wenn solche etwa wieder an ihre alten Plätze aufgehängt werden wollen. Gern würde ich mehr gegeben haben, allein ich habe selbst nicht mehr … und trenne mich ungern von diesen Gegenständen.

C. Fr. v. Schiller Juni 1850«

An der Giebelwand:

Barometer

Das zeitgenössische Instrument kam als Ersatz für das vor dem zweiten Weltkrieg noch vorhandene Original in den Raum.

Zwischen Fenster und Bücherregal:

Klingelzug

Dornburg von der Ostseite

Kolorierte Radierung von Jakob Wilhelm Christian Roux (1775–1831)
Schillers Besitz

Schiller hat das landschaftlich schön gelegene Dornburg an der Saale mehrfach besucht, zum erstenmal 1792. Am 6. Mai 1799 waren die drei Schlösser das Ziel einer Spazierfahrt mit Goethe, und in den Jahren 1799 und 1804 folgten weitere Visiten.

An der Südseite des Zimmers:

Hektors Abschied von Andromache

Kupferstich in Punktiermanier von Francesco Bertolozzi nach Giovanni Battista Cipriani (1727–1785), 1786
Auf der Rückseite der Grafik befindet sich eine Notiz mit Bleistift: »Das Bild hing in Schillers Wohnzimmer in Weimar Karl v. Schiller.«

Abaelard führt Hymen der Heloise zu

Kupferstich in Punktiermanier von John Ogborn d. Ä. (1755–1795)
nach Angelica Kauffmann, 1785
Schillers Besitz

In der Nische:

Ofen

mit gußeisernem Unterteil und im 20. Jh. nachgebildetem Tonaufsatz mit Rosettenmotiven und vorderseitigem Relief, die büßende Magdalena darstellend

Davor:

Ofenschirm

aus Messing
Er ist seit 1850 wieder im Haus.

Hartnäckig überliefern sich von Generation zu Generation mit der Person des Dichters und diesem Raum im Zusammenhang stehende Legenden. Schon zu Lebzeiten des Dichters »klatschte« man, zur Empörung der Familie, über angebliche Gewohnheiten und Eigentümlichkeiten. So schrieb Luise von Lengefeld aus Rudolstadt nach einer

Theateraufführung der »Braut von Messina« an ihre Tochter: »Die Vizthum hat erzählt, daß, wenn Schiller so was [Chöre des Dramas] arbeitete, ließ er die Stube mit schwarzen Vorhängen behängen.«

Im Jahre 1827 erzählte Goethe Eckermann folgende Anekdote: »Wir waren, wie gesagt und wie wir alle wissen ..., bei aller Gleichheit unserer Richtungen Naturen sehr verschiedener Art, und zwar nicht bloß in geistigen Dingen, sondern auch in physischen. Eine Luft, die Schillern wohltätig war, wirkte auf mich wie Gift. Ich besuchte ihn eines Tages, und da ich ihn nicht zu Hause fand und seine Frau mir sagte, daß er bald zurückkommen würde, so setzte ich mich an seinen Arbeitstisch, um mir dieses und jenes zu notieren. Ich hatte aber nicht lange gesessen, als ich von einem heimlichen Übelbefinden mich überschlichen fühlte, welches sich nach und nach steigerte, so daß ich endlich einer Ohnmacht nahe war. Ich wußte anfänglich nicht, welcher Ursache ich diesen elenden, mir ganz ungewöhnlichen Zustand zuschreiben sollte, bis ich endlich bemerkte, daß aus einer Schieblade neben mir ein sehr fataler Geruch strömte. Als ich sie öffnete, fand ich zu meinem Erstaunen, daß sie voll fauler Äpfel war. Ich trat sogleich an ein Fenster und schöpfte frische Luft, worauf ich mich denn augenblicklich wiederhergestellt fühlte. Indes war seine Frau wieder hereingetreten, die mir sagte, daß die Schieblade immer mit faulen Äpfeln gefüllt sein müsse, indem dieser Geruch Schillern wohltue und er ohne ihn nicht leben und arbeiten könne.«

Durch die im Zuge der Bauarbeiten 1802 eingesetzte Tapetentür erreicht man eine kleine Kammer, die ursprünglich die

Schlafkammer

des Dichters war. Hier soll er zeitweise ein flaches Lager – eine Bettstatt ohne Beine – benutzt haben.

Berta von Browe, eine Freundin von Schillers Witwe Charlotte, bewohnte von 1823–1826 die obere Etage des Hauses. Sie berichtete, daß »Schillers Schlafkammer sich an der Nordseite des Hauses befand, wo Efeu und wilder Wein üppig emporrankten«: »Im Garten stand ein weißer Fliederbaum, der bis zum Fenster des Schlafzimmers hinaufreichte. Der Duft der Fliederblüten soll Schillers Nerven gestärkt haben.« Glaubt man ihren Erinnerungen, so standen in der Kammer eine Bettstelle, die an die Wand geschoben war, und ein kleines Tischchen, nicht von feinstem Holze, das ihr Charlotte als Andenken überließ.

An der Wand:
Tells Heimkehr
Öl auf Leinwand von Georg Melchior Kraus, 1804/05

Den anschließenden Gang nutzte der Hausherr als

Ankleidekammer

»Aller Kynismus in Kleidung und Umgebung war ihm zuwider; die Kleidung einfach, aber gewählt; besonders hielt er viel auf feine Wäsche«, berichtete Caroline von Wolzogen. Nach seinem Kalender von 1802 berechnete Schiller 75 Taler allein für seine persönliche Kleidung.

Der raumbeherrschende massive **Einbauschrank** aus Eichenholz diente Schiller zum Aufbewahren seiner Garderobe, die er 1804 in seinem Kalender detailliert erfaßte:
»2 Paar weißseidene und 5 Paar buntseidene Strümpfe, 33 bunte und 14 weiße Schnupftücher, 37 Hemden, 3 ganze und 4 halbe Halstücher, 8 gewöhnliche und 8 steife Halsbinden.

Unterhosen: 2 Paar barchente, 2 Paar leinene und 2 Paar Multum. Hosen: 3 schwarzseidene, 1 Paar schwarze Tuchhosen, 2 Paar manchesterne, 1 Paar grüne, 1 Paar Nanquing, 2 Paar schwarze Zeughosen und 1 Paar lederne Hosen.

Dazu kommen 20 Westen, nämlich 4 gestickte, 2 schwarze, 4 seidene, 1 rot gestreifte, 2 weiße, 2 Winterwesten, 1 Sommerweste, ohne Taschen, 1 noch nicht ganz gemachte gestickte Weste, dazu 2 Barchentwesten mit Ärmeln und 1 wollenes Kamisol.

10 Röcke, 3 Oberröcke, 1 Pelz, 1 Mantel, 1 Schlafrock und 1 Pudermantel.«

Zwei **Stühle** und eine **Kommode** aus Nadelholz, um 1800 gefertigt, ergänzen in passender Form die Einrichtung der Kammer.

An den Wänden:
Schlachtszenen
Kupferstiche nach Zeichnungen von Georg Philipp Rugendas (1666–1742)
Im Treppenhaus

Die Freundschaft
Gipsrelief in Medaillonform nach einer Arbeit von Martin Gottlieb Klauer

»In die Periode der Rückkehr Schillers zur dramatischen Dichtung fällt auch der Anfang seines vertrauten Umgangs mit Goethe, und gewiß als die am stärksten und bedeutendsten mitwirkende Ursache. Der gegenseitige Einfluß dieser beiden großen Männer aufeinander war der mächtigste und würdigste. Jeder fühlte sich dadurch angeregt, gestärkt und ermutigt auf seiner eigenen Bahn, jeder sah klarer und richtiger ein, wie auf verschiedenen Wegen dasselbe Ziel sie vereinte. Keiner zog den andern in seinen Pfad herüber oder brachte ihn nur ins Schwanken im Verfolgen des eigenen. Wie durch ihre unsterblichen Werke, haben sie durch ihre Freundschaft, in der sich das geistige Zusammenstreben unlösbar mit den Gesinnungen des Charakters und den Gefühlen des Herzens verwebte, ein bis dahin nie gesehenes Vorbild aufgestellt.«(Wilhelm von Humboldt, 1830)

Zeittafel

seit 1503	Erwähnung des Grundstückes Windischengasse 17 als »kanzleilehnbares schriftsässiges Freihaus« mit der Bezeichnung »die alte Münze«. Von 1382–1482 Münzprägung in Weimar. Hinterhaus des Schillerhauses aus dem 15.–16. Jh.
1777	Neubau eines Wohnhauses an der Esplanade auf dem Grundstück Windischengasse 17.
1801	Verkauf des Wohnhauses mit älterem Hinterhaus, Hof und Garten an Charles Mellish of Blyth, damit Abtrennung vom Grundstück Windischengasse 17.
1802	Kauf des Hauses durch Schiller. Umbauten, u. a. Verlegung des Treppenhauses, Gewinnung von zwei Wohnzimmern, Einbau eines Kellergewölbes.
1805	Tod Schillers; die Familie bleibt bis zum Tod von Charlotte im Jahre 1826 wohnen.
1827	Verkauf des Hauses an den Garteninspektor Weise.
1847	Nach dem Tod der Witwe des Garteninspektors Weise kauft der Rat der Stadt Weimar das Haus und richtet in dem Mansardgeschoß eine Gedenkstätte ein.
1863 ff.	Die Schillerstiftung, die Goethe-Gesellschaft und die Shakespeare-Gesellschaft erhalten ihren Sitz im Schillerhaus.
1847–1930	Neben dem Arbeitszimmer werden in mehreren Etappen die übrigen Räume des Mansardgeschosses in die historisch gestaltete Gedenkstätte einbezogen.

1930	Im ersten Obergeschoß des Hinterhauses wird ein Museum zum Leben und Schaffen des Dichters eingerichtet, das bis dahin im Empfangszimmer der Mansarde untergebracht war.
1936	Das Museum ist im ersten Obergeschoß in vier Räumen des Hinterhauses und in einem Raum des Vorderhauses eingerichtet.
1945	Starke Beschädigung des Hauses durch Luftminen, die in der Umgebung niedergehen.
1946	Wiedereröffnung der Gedenkstätte und des Museums, nun in drei Räumen des ersten Oberge schosses im Vorderhaus.
1955	Neueinrichtung und Erweiterung des Museums auf das gesamte ersten Obergeschoß im Vorderhaus.
1979	Neue Ausstellung zu Leben, Werk und Wirkung im ersten Obergeschoß.
1985–1988	Das Vorderhaus wird als historische Wohnung Schillers und seiner Familie eingerichtet. Im Museumsneubau (1984–1988) werden Leben und Werk Schillers und die Wirkung des Werkes umfassend dokumentiert.
11. November 1988	Eröffnung des Museumsneubaus und des restaurierten Schillerhauses.